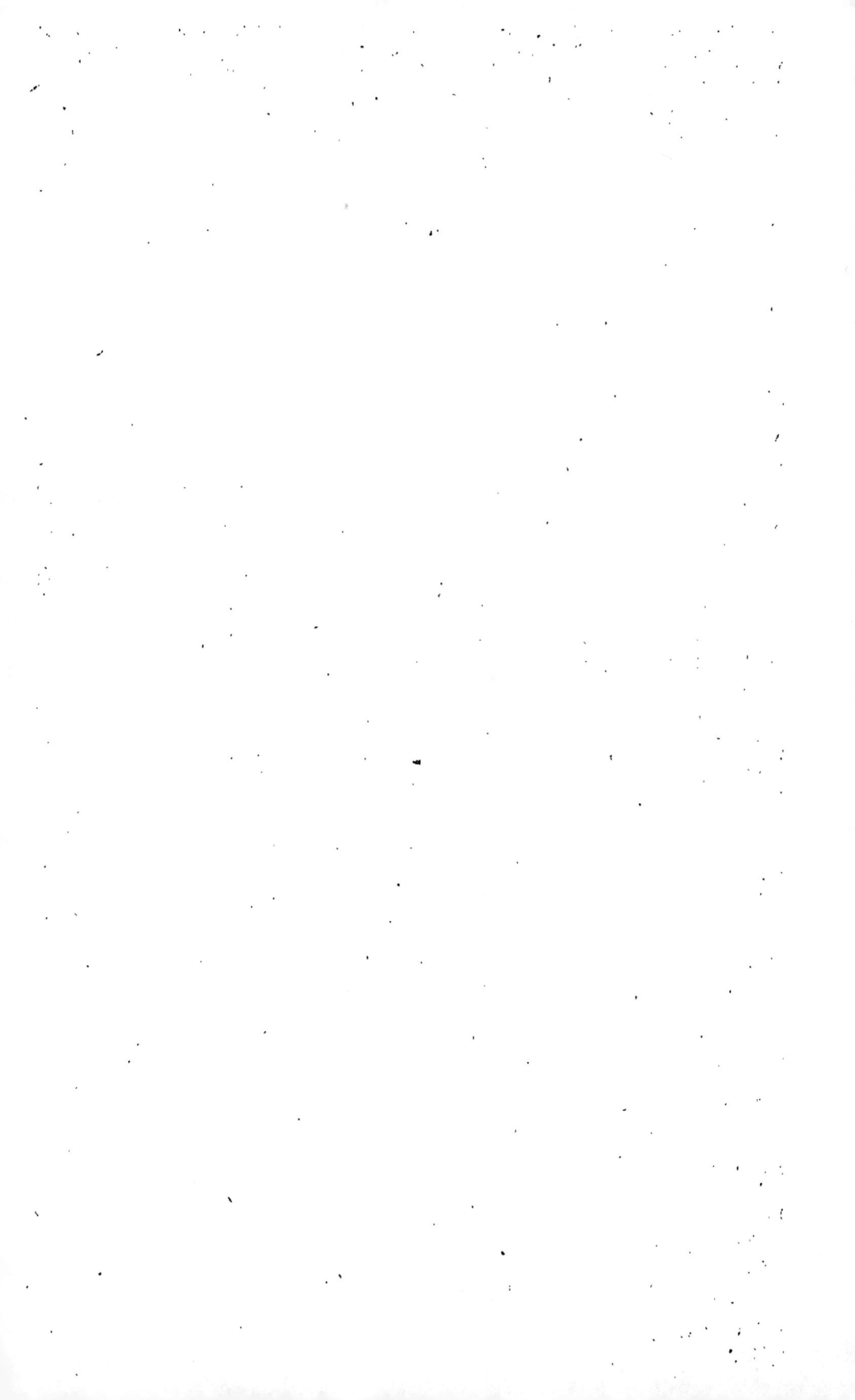

MADAGASCAR

ET SES RICHESSES

BÉTAIL, AGRICULTURE, INDUSTRIE

PAR

P. LOCAMUS

Créateur des Usines de Conserves de Diégo-Suarez

PARIS

Augustin CHALLAMEL, Éditeur

17, RUE JACOB

LIBRAIRIE MARITIME ET COLONIALE

—

1896

MADAGASCAR

ET SES RICHESSES

BÉTAIL — AGRICULTURE — INDUSTRIE

DU MÊME AUTEUR

(En préparation)

———

MADAGASCAR ET L'ALIMENTATION EUROPÉENNE

MADAGASCAR

ET SES RICHESSES

BÉTAIL, AGRICULTURE, INDUSTRIE

PAR

P. LOCAMUS

Créateur des Usines de Conserves de Diégo-Suarez

PARIS

AUGUSTIN CHALLAMEL, ÉDITEUR

17, RUE JACOB

LIBRAIRIE MARITIME ET COLONIALE

—

1896

DÉDICACE

Aux Ouvriers créoles de la Réunion
qui ont si vaillamment contribué a la conquête
de Madagascar

A ceux d'entre eux qui ont collaboré
a la construction des usines de Diégo-Suarez
et qui m'ont apporté leur concours
dans l'exécution de mes travaux

Je dédie cette courte étude.

P. LOCAMUS.

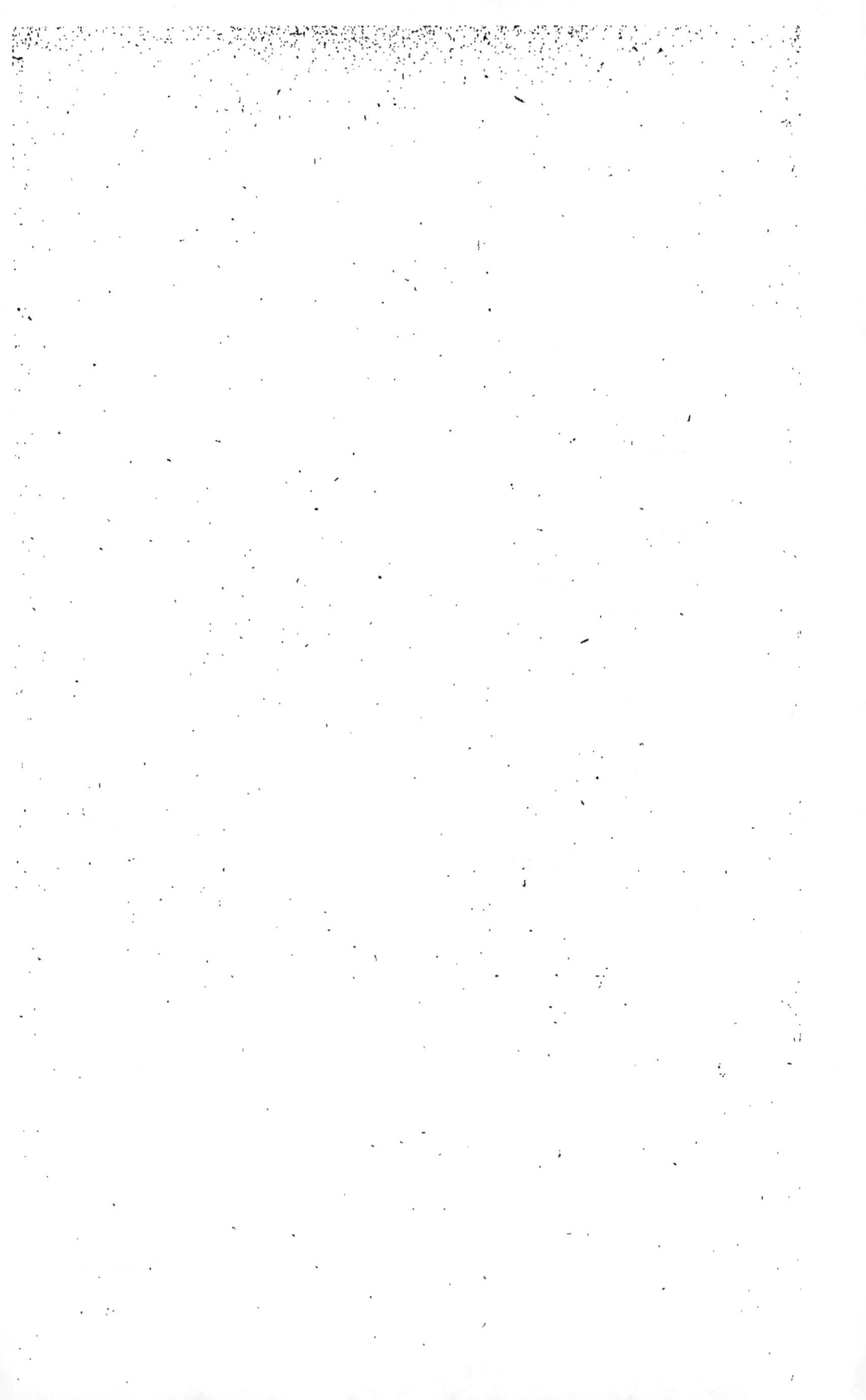

Paris, le 9 février 1896.

Cher Monsieur,

Je vous remercie de m'avoir soumis votre manuscrit sur Madagascar et je vous félicite de l'avoir écrit à l'heure où nous sommes.

Sachant que votre esprit précis aime les formules brèves, je crois pouvoir vous indiquer d'un mot mon opinion sur votre travail. A mes yeux c'est un excellent rapport de consul, comme j'en voudrais lire beaucoup sous la plume de tous nos représentants à l'étranger.

Ne serait-ce pas, en effet, le meilleur moyen d'épargner bien des déceptions à ceux qu'anime l'esprit des aventures, indispensable à toute idée de colonisation, que de leur permettre de choisir avec sécurité, suivant leurs goûts, leurs aptitudes, leurs tendances, en parfaite connaissance des ressources du pays, le lieu où il leur plaira de planter leur tente en même temps que le drapeau de la France.

Eh bien! votre étude sur Madagascar remplira, j'en suis très convaincu, ce rôle salutaire et vous aurez ainsi rendu un nouveau service à la grande île africaine, sous le charme de

laquelle vous êtes, avec raison, depuis bien des
années et à la Métropole.

Vous avez spécialement traité la question
monétaire — au moment de la crise terrible du
métal blanc — et vous avez touché juste.

Savez-vous, à ce propos, que déjà maintenant,
d'après mes plus récentes informations, les
malgaches apprécient beaucoup notre monnaie
divisionnaire. Ils renonceront facilement à couper en petits morceaux nos pièces de cinq francs
si nous leur passons nos écus en pièces de deux
francs et au-dessous.

Laissez-moi vous avouer que mon esprit, sous
l'influence des derniers événements politiques,
relatifs aux affaires du Tonkin et de Madagascar, traverse une période de tristesse. Je
ne vais pas sans doute jusqu'au décourage-
ment, car j'ai confiance, en définitive, dans le
bon sens de mon pays ; mais un travail comme
le vôtre me ranime un peu.

On sent, en vous lisant, qu'il y a de la vitalité
dans notre nation, on espère encore que les
colonisateurs en chambre, que les ronds de cuir,
seront désavoués par le pays désabusé quand il
comprendra que pour coloniser il est indispensable de rencontrer des hommes allant droit
devant eux et répudiant au besoin un peu la
forme administrative de la Métropole.

*A qui fera-t-on croire, en effet, que la coloni-
sation sera commencée par des gens ayant dix
mille francs de rente sans le concours de pion-
niers hardis qui jouent leur existence contre un
avenir meilleur, soit pour eux, soit pour leurs
enfants.*

*Encore une fois, vous avez fait une œuvre
utile au pays — je vous en félicite, — je vous en
remercie.*

Cordialement à vous,

H. CHAVOIX

Député de la Dordogne.

AVANT-PROPOS

On a beaucoup écrit sur Madagascar.

L'historique du pays a été fait par une foule d'auteurs qui ont eu soin de raconter par le menu les événements qui forment le fonds de la tradition malgache.

Des savants, tels que MM. Grandidier, le docteur Cattat et Milne-Edwards, nous ont décrit le pays en des pages éloquentes.

Des explorateurs tels que MM. Postel, Drut, rentier, Martineau, délégué de l'île Nossi-Bé au conseil supérieur des colonies, Mager, délégué de Diégo-Suarez au même conseil, ont bien voulu nous donner le résultat de leurs recherches et leur appréciation sur l'avenir de la grande île.

Des colons tels que MM. Bonnemaison, Suberbie, Le Chartier.

Des ingénieurs tels que MM. Laillet, Foucart, ont consigné dans diverses brochures leurs observations sur les mœurs des habitants, sur le commerce et l'agriculture, en signalant les entraves que le Gouvernement hova a toujours mises aux projets de colonisation et de développement des richesses naturelles de Madagascar.

Avant eux, M. le baron de Richemond avait groupé en une brochure fort remarquable, les événements qui se sont déroulés à la cour de l'Imerina depuis notre première occupation jusqu'en 1863.

Tous ces auteurs ont constaté le mauvais vouloir et le parti pris d'hostilité que le Gouvernement hova a témoigné en tout temps aux entreprises de colonisation.

Nous n'avons pas cru devoir revenir sur ce sujet, et nous avons résolu de nous borner à signaler les richesses de Madagascar dans les diverses branches, sans nous préoccuper de la tribu qui a imposé à la France l'obligation de recourir à une expédition armée pour asseoir ses droits séculaires, et apporter dans cette possession longtemps appelée « la France orientale », le bienfait de la civilisation moderne.

Nous avons voulu borner notre travail à la seule mise en lumière des richesses de de la grande île, aujourd'hui qu'il est possible de les exploiter.

Le lecteur nous pardonnera de ne pas nous appesantir sur les événements sanglants qui forment l'histoire de la tribu hova, et de ne pas nous occuper d'une peuplade dont l'influence néfaste est à jamais détruite.

Signaler et chiffrer les richesses de Madagascar, faire ressortir les avantages énormes et immédiats que la France doit retirer de son occupation, tel est le but que nous poursuivons.

Nous allons parler de produits que nous connaissons, d'un pays dont nous avons dû étudier et utiliser les ressources de toute nature. Nous souhaitons de nous montrer assez clair pour pouvoir intéresser le lecteur à notre travail.

Si nous pouvons attirer sur Madagascar l'attention de quelques capitalistes, de nos ingénieurs si intrépides, de nos industriels si osés; si, par là, nous pouvons contribuer à développer notre nouvelle et vaste colonie, nous aurons rempli le but que nous nous étions proposé.

Ce que nous tenons encore à prouver, c'est que la valeur des richesses naturelles de Madagascar est mal appréciée en France et que, facilement, l'Etat peut se rembourser des frais de l'expédition et de l'occupation du pays.

Quand on le voudra, la nouvelle colonie sera en mesure de se suffire.

Que le Gouvernement encourage les

industries, qu'il favorise les capitaux qui se porteront sur Madagascar, et il peut chiffrer dès maintenant le bénéfice que ce pays procurera à nos nationaux et les revenus dont il disposera (1).

(1) M. Laroche, premier résident général envoyé à Madagascar depuis la conquête, s'est exprimé en ces termes devant les notabilités commerciales de Marseille qui lui rendaient visite :

« Madagascar est désormais une île absolument française, qui va être dotée d'une administration spéciale où l'élément indigène sera utilisé, mais cette administration n'aura de compte à rendre à personne.

« C'est moi qui assumerai la responsabilité de ses actes.

« Je conférerai avec le général Duchesne, qui rentrera ensuite en France.

« La grande île africaine sera d'un grand rapport pour la métropole ; *ses richesses sont incalculables.* »

M. le Résident général nous paraît avoir donné là une saine appréciation de la situation.

MADAGASCAR

ET SES RICHESSES

CHAPITRE I

MANQUE DE MONNAIE. — MONNAIE COUPÉE, INSUFFISANTE
POUR LES TRANSACTIONS. — BÉNÉFICE DU GOUVER-
NEMENT SUR LA MONNAIE D'ARGENT. — FORTUNE
LOCALE IMMENSE EN BŒUFS, MOUTONS, COCHONS,
VOLAILLES. — AGRICULTURE EXISTANTE ET A CRÉER.
— MILLIARDS EN FRICHE. — CENTAINES DE MILLIONS
DE REVENUS ANNUELS QUE PROCURERA LA TRANS-
FORMATION DES PRODUITS NATURELS EN VALEURS
MONNAYÉES.

Nous tenons à mettre au premier rang des
richesses de Madagascar, le fait que ce pays
n'a pas le sou.

Ceci à l'air d'un paradoxe ; c'est une vérité
que nous allons tâcher de rendre évidente
pour nos lecteurs.

L'unité monétaire est la piastre ou pièce de 5 francs. La monnaie divisionnaire est inconnue du malgache, celle de billon n'est admise qu'à Tamatave et dans quelques rares villes de la côte.

De là, l'obligation pour l'indigène de fractionner les pièces de 5 francs, en parcelles de toutes dimensions qui circulent au poids.

Vous voulez acheter un objet quelconque, une fois d'accord sur le prix, vous payez en débris de piastre, suivant un poids correspondant au prix convenu. On suppute qu'il y a ainsi, à Madagascar, pour huit ou dix millions de pièces de 5 francs découpées et, par suite, retirées de la circulation européenne.

Cette quantité est insuffisante pour les besoins de la population; elle le sera bien davantage lorsque les produits naturels du pays, auront été mis en valeur.

Or, que se produit-il toutes les fois qu'on découpe une pièce de 5 francs? Il se produit ceci, c'est que cette pièce qui avait une valeur nominale de 5 francs à la charge de l'Etat qui l'avait émise, a été transformée en des parcelles d'argent, n'ayant plus que la valeur de ce dernier et perdant toute valeur fiduciaire. L'Etat qui a émis cette pièce, qui cesse d'être à sa charge, gagne la différence entre la valeur intrinsèque et la valeur fiduciaire.

Quand l'Etat frappe 200 francs de pièces de 5 francs (ou piastres) il emploie seulement 90 francs d'argent, mais il est grevé de la circulation de cette monnaie, qu'il sera tenu de recevoir pour 200 francs, et qu'il serait obligé de rembourser à raison de 200 francs, si un autre métal était substitué à l'argent pour former la monnaie.

Donc, chaque fois qu'une pièce de 5 francs disparaît de la circulation, l'Etat qui a émis cette pièce réalise un bénéfice de 55 pour 100 ou 2 fr. 75.

Supposons, pour mieux faire sentir l'évidence du fait, que toutes les pièces françaises de 5 francs, viennent à disparaître. Le Gouvernement français frappera immédiatement de nouvelles pièces pour les besoins des transactions, et il délivrera ces pièces à raison de 5 francs les 25 grammes, soit 200 francs le kilogramme, alors que l'argent en lingots, qui aura servi à frapper ces pièces, n'aura coûté que 90 francs le kilogramme. Bénéfice pour l'Etat : 110 francs sur 200 francs, soit 55 pour 100.

Si donc Madagascar, par suite du développement que ce pays va recevoir dans ses opérations commerciales et financières, absorbait annuellement plusieurs centaines de millions, ce serait autant de fois cinquante-cinq millions dont bénéficierait le Gouvernement français.

Nous savons bien que les procédés aujourd'hui en usage ne sauraient être longtemps maintenus et qu'il faudra avec le développement des transactions, créer une monnaie divisionnaire correspondant aux besoins du pays et supprimer la monnaie coupée si incommode et si désagréable. Mais alors, il faudra recourir à une frappe nouvelle qui se fera, soit pour le compte du Gouvernement français, soit pour le compte de la colonie française de Madagascar.

Dans un cas comme dans l'autre le bénéfice de 55 pour 100 existera toujours, soit au profit du pays protecteur, soit au profit du pays protégé.

Nous allons démontrer, et c'est un des buts que nous poursuivons en écrivant ce volume, qu'il y a là une source de revenus suffisants pour produire un bénéfice ou gager un emprunt permettant, non-seulement, de

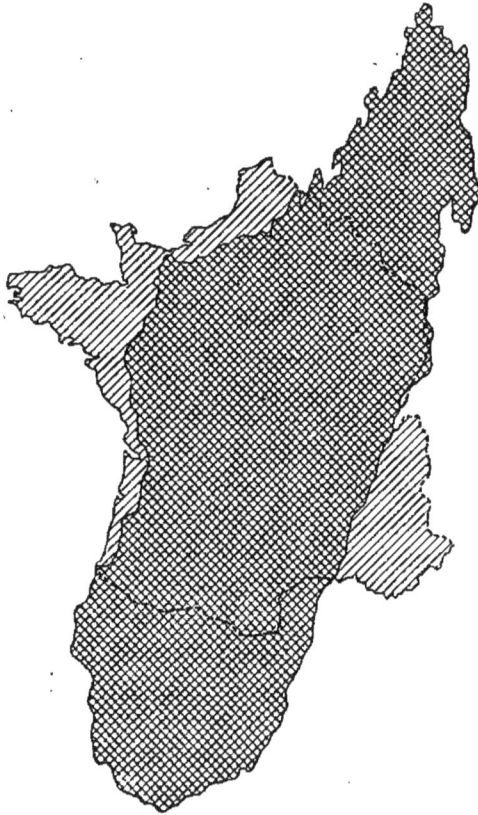

SUPERFICIE COMPARÉE DE LA FRANCE ET DE MADAGASCAR

payer tous les frais de l'expédition et de l'occupation de Madagascar, mais encore d'effectuer tous les travaux publics dont a besoin un pays plus grand que la France (1).

(1) C'est, au début, à un établissement privé que nous voudrions laisser la charge de créer la circulation monétaire et

Nous allons examiner et chiffrer tour à tour les produits naturels qui n'attendent que leur utilisation pour se transformer en revenus monnayés ; nous chiffrerons aussi les dépenses que doivent entraîner les grands travaux indispensables ; nous ferons ressortir l'importance des dépenses annuelles que l'exploitation des ports, chemins de fer, entrepôts publics nécessitera, et nous arriverons à constater, par le bénéfice de 55 pour 100 que produira la monétisation de ces diverses formes de la fortune malgache, quels peuvent être, sans aucun impôt, les revenus dont disposera la colonie de Madagascar.

Les statistiques sur le mouvement commercial se bornent, en général, à faire ressortir la valeur des importations par pavillon ou par nationalité ; elles comparent les frais qu'occasionne chacune de nos colonies en prenant le chiffre des dépenses inscrites au budget et elles constatent que l'Etat dépense plus que ne produit le commerce national.

de fournir les fonds nécessaires pour gager les emprunts du Gouvernement de Madagascar.

Mais le bénéfice réalisé sur la monnaie, doit toujours rester la propriété de l'Etat.

Or le montant des marchandises importées de France est loin de représenter un bénéfice net, ce bénéfice n'est guère que de 10 à 25 pour 100 du montant des importations, de telle sorte qu'on peut dire qu'en général nos colonies coûtent à la métropole de dix à vingt fois plus qu'elles ne produisent de bénéfices à nos nationaux.

C'est en se basant sur cet ordre de faits que les ennemis de l'expansion coloniale de la France ont combattu la prise de possession de nos colonies nouvelles.

Nous croyons, quant à nous, que ce n'est pas à cet unique point de vue qu'il faut se placer pour apprécier la valeur de nos possessions coloniales, mais nous prenons la plume non pas pour défendre nos colonies en général, mais seulement pour mettre en relief les avantages mêmes, que doit procurer à la France la possession de Madagascar.

Ce que nous avons dit plus haut au sujet de la monnaie et les chiffres qui vont suivre, prouveront que cette colonisation sera une source de revenus considérables pour le Trésor.

Ici, le commerce national trouvera, sur ses

importations, le bénéfice ordinaire que produisent les opérations coloniales ; mais, avant peu, Madagascar peut et doit devenir une colonie d'exportation, retirant de ses produits naturels beaucoup plus que le montant des marchandises importées. L'écart devra être couvert par une introduction de monnaie sur laquelle l'Etat français ou le Gouvernement local (c'est aujourd'hui la même chose) réalisera un bénéfice de 55 pour 100. — C'est un avantage qui ne se retrouve dans aucun autre pays parce que, seul, Madagascar n'a pas de monnaie et parce qu'il a des produits d'exportation représentant des chiffres considérables.

Cette question de monnaie mérite toute l'attention de nos pouvoirs publics. Nous pensons qu'ils ne commettront pas la faute lourde de doter Madagascar d'une monnaie spéciale sans aucune assimilation. Il faut que la monnaie de Madagascar, si on ne se borne pas à l'introduction de la monnaie française et si on en crée une spéciale, soit émise au poids, au titre et à la valeur de la monnaie française ; il faut qu'elle soit admise au pair dans les caisses publiques de la France et de ses colonies, comme celle de l'union monétaire, c'est le seul moyen de réaliser le bénéfice de 55 pour 100 dont nous parlons ci-dessus.

Si, au contraire, on se borne à l'émission d'une monnaie spéciale n'ayant cours qu'à Madagascar, sa valeur en sera dépréciée, elle n'aura plus qu'une valeur de lingot et il s'établira un change qui ne laissera plus à la monnaie que sa valeur intrinsèque.

C'est ce qui se produit dans l'Inde à Zanzibar et à Maurice, colonies anglaises, qui employent la ruppie. Cette monnaie subit au change une perte qui varie de 50 à 65 pour 100, selon la valeur de l'argent en lingots et les besoins du commerce.

En s'emparant de l'Inde, l'Angleterre a trouvé une nation riche, possédant une monnaie courante considérable. L'assimilation de la monnaie d'argent à la monnaie anglaise aurait mis à la charge du Trésor national toute la différence entre la valeur fiduciaire et la valeur intrinsèque de l'immense stock de monnaie en circulation.

Avec le sens pratique qui caractérise les Anglais, ceux-ci ont laissé à leur vaste colonie la charge de sa monnaie et ils

ne l'ont acceptée que pour sa valeur intrinsèque.

Madagascar n'ayant pas de monnaie spéciale, la France n'a pas à courir le même
risque, et elle doit accorder l'assimilation
complète à la monnaie qu'elle frappera elle-
même, si elle veut en récolter le bénéfice.

Nous nous sommes longuement étendu
sur cette partie de notre étude parce qu'elle
est, en quelque sorte, la base de toute notre
argumentation et que chacun de nos chapitres
se bornera à faire ressortir le bénéfice que
le Gouvernement retirera des opérations que
nous viendrons de mettre en lumière.

Nous déclarons que Madagascar possède
des richesses immenses, qu'il s'agit de mon-
nayer et qui sont : la viande de boucherie et
les animaux vivants ; les produits agricoles
créés et à créer ; les mines ouvertes et à
ouvrir ; les pierres précieuses ; les établissements industriels qu'il faudra ériger ; les
routes, les voies ferrées qu'il faudra établir ;
les dépenses énormes de création, d'entretien
et d'exploitation que vont nécessiter ces
diverses branches, ouvriront largement la
voie à nos travailleurs et à nos capitaux.

On peut dire qu'il y a à Madagascar sous diverses formes, des milliards en friche représentant des revenus annuels de plusieurs centaines de millions.

Avec l'expérience que nous donne un long séjour dans ce pays et la direction de vastes opérations ayant eu recours à toutes les ressources locales, nous venons indiquer les diverses richesses dont nous avons constaté l'existence, espérant que nos nationaux voudront bien les mettre en valeur.

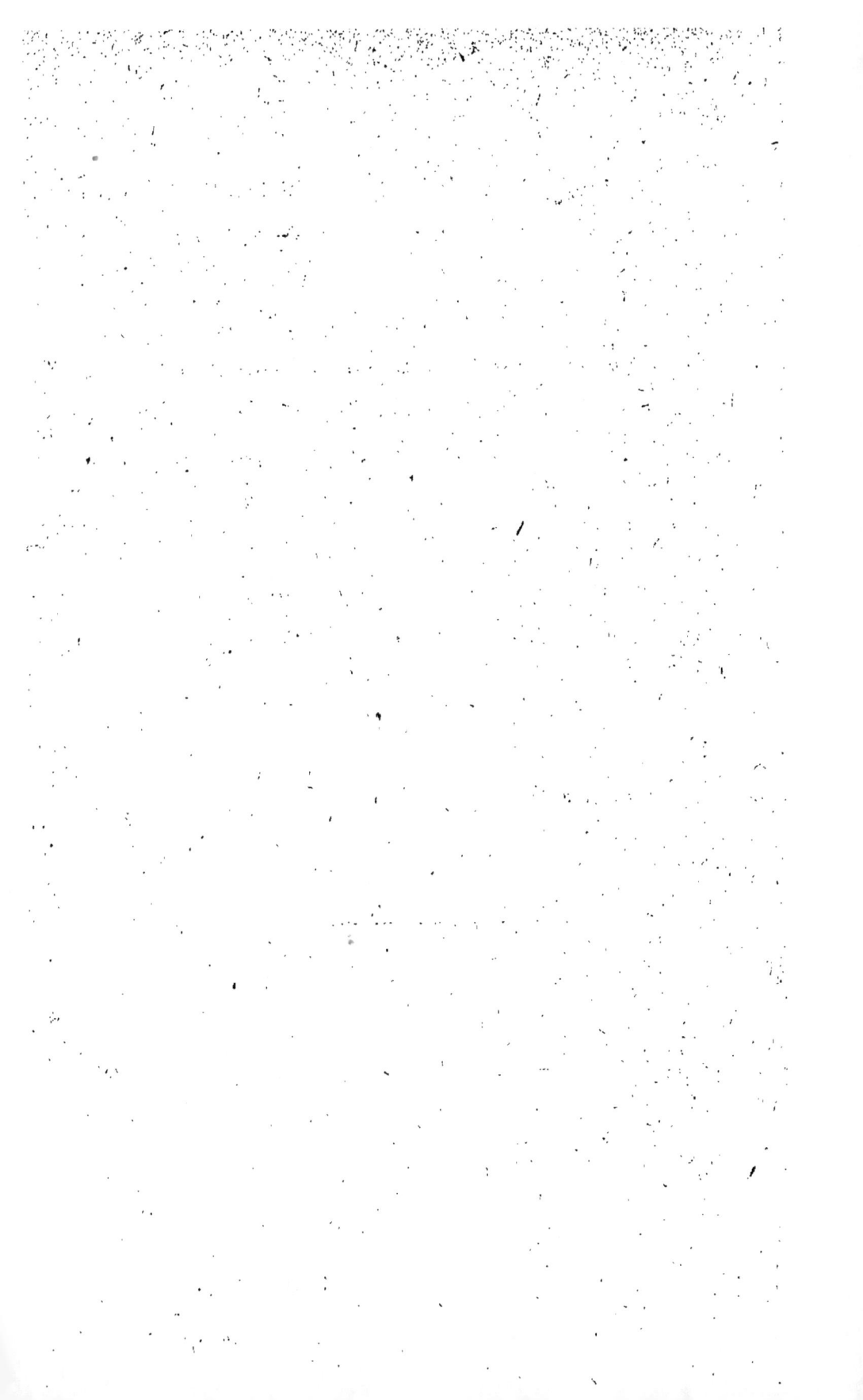

CHAPITRE II

Avant d'examiner ce que Madagascar possède d'animaux de boucherie, ce qui est la
principale richesse actuelle de l'île, nous
allons jeter un coup d'œil sur la situation de
l'Europe au point de vue de la consommation
de la viande. Nous tenons à prouver que si
Madagascar a une surabondance considérable
de bestiaux, l'écoulement peut en être facilement assuré, et qu'il sera aisé de tirer un
gros revenu de ce premier produit.

Les renseignements que nous allons fournir
ont une source officielle. Ils sont extraits d'un
travail fort remarquable, fait par M. J. Potin

2

(de la maison Félix Potin), en sa qualité de rapporteur du jury de l'Exposition universelle de 1889, pour la section de l'alimentation, travail publié par le Gouvernement français.

La consommation de la viande a toujours progressé en France ; la consommation de la viande fraîche dépecée, non compris les viandes salées et fumées, a été par habitant :

De 26 kilogrammes en 1862 ;

De 33 kilogrammes en 1882 ;

De 36 kilogrammes en 1887.

En 1894, les statistiques portent cette consommation à 45 kilogrammes, représentant une valeur de 69 fr. 75.

En 1840, les animaux de boucherie abattus en France, en y comprenant les porcs, ont produit six cent quatre-vingt-deux millions de kilogrammes de viande; en 1862, il en ont produit neuf cent soixante-douze millions; en 1882, mille deux cent quarante millions ; en 1887, mille quatre cent millions. Mais la production a toujours été insuffisante et l'insuffisance est toujours allée en croissant. L'importation a été de quatre-vingt-neuf millions quatre cent trente mille kilogrammes en 1882 ; elle a été de deux cent millions de kilogrammes en 1894.

L'Angleterre dont les habitants consomment 25 pour 100 de viande de plus que les français, a eu, en 1894, un déficit de 600.000 tonnes (1).

Il n'y a, en Europe, que la Russie et la Hongrie qui produisent plus de viande que leur population n'en consomme.

Il n'est pas possible de demander à l'élevage français de combler notre déficit en viande. L'importation seule peut y suppléer.

Un parlement obstinément protectionniste a cru défendre les intérèts de l'agriculture en imposant fortement les viandes importées.

(1) Il est bon de citer ici l'opinion de savants, fort compétents, qui se sont prononcés sur le grave préjudice que porte à notre population ouvrière la réduction de la consommation de viande.

MM. Bouley et Nocart, s'exprimaient ainsi, au Congrès vétérinaire de 1878 :

« Faut-il rappeler ces ouvriers des forges du Tarn qui, nourris d'aliments végétaux, perdaient chaque année et par homme, quinze journées de travail, et qui, mis au régime de la viande, ne perdaient plus que trois jours par an ?

« Et ces ouvriers anglais, employés à la construction du chemin de fer de Paris à Rouen, qui, nourris de viande rôtie, produisaient un tiers de travail en plus, que les ouvriers français soumis au régime du bouilli, de la soupe et des légumes ?

« Faut-il rappeler les forges d'Ivry qui, à leur fondation, furent obligées de faire venir des ouvriers d'Angleterre jusqu'au jour où les ouvriers français, mis au même régime, eurent acquis la même vigueur, la même résistance ? »

Cette mesure est allée à l'encontre du but
poursuivi. La France devrait consommer
800.000 tonnes de viande de plus qu'elle n'en
consomme, pour atteindre la moyenne de la
consommation anglaise, mais l'éleveur n'y
gagne rien, car la viande indigène se vend
10 pour 100 plus cher en Angleterre qu'en
France, bien que l'introduction de la viande
ne soit frappée d'aucun impôt dans la Grande-
Bretagne.

Ce qu'il aurait fallu rechercher, si on avait
tenu à protéger sagement l'agriculture française, c'était le moyen d'augmenter la consommation de la viande. Quand vous aurez
modifié l'alimentation nationale au point que
les français consomment une moyenne de
60 à 80 kilogrammes de viande par tête, vous
aurez plus fait pour l'élevage qu'en donnant
des primes d'encouragement dans les concours
agricoles. Mais ce n'est pas en frappant de
droits excessifs la viande venant du dehors,
qu'il sera possible d'en augmenter la consommation (1).

(1) Voici comment s'exprime, à ce sujet, M. Urbain dans
l'*Encyclopédie chimique* :

« Les importations de viandes congelées ne peuvent nuire

La production des nations voisines étant insuffisante, il n'y a pas à redouter que celles-ci viennent nous faire concurrence sur notre propre marché. C'est l'Amérique et l'Australie qui ont à combler le déficit. Or, leurs produits ne peuvent guère nous parvenir que sous la forme de conserves, de salaisons, ou de viandes congelées, ne pouvant entrer en lutte comme saveur ou qualité avec nos produits indigènes. Cette viande est destinée à

à notre production nationale, dont elles ne sont que l'appoint. Elles augmentent le bien être, et en développant l'usage de la viande dans la population, créent toute une nouvelle couche de consommateurs. Elles servent donc plus qu'elles ne nuisent à l'élevage indigène : la protection à outrance irait donc contre son but, en mettant des entraves à ces importations.

« En Angleterre, où les viandes congelées arrivent en quantités énormes, la production indigène non-seulement n'en souffre pas, mais semble en ressentir les meilleurs effets, puisque d'après les documents anglais, le prix de la viande des moutons de pays, malgré le développement qu'a pris l'élevage, a subi une hausse sensible. C'est que le nombre des consommateurs augmente avec l'abondance des produits et que l'ouvrier se nourrit mieux, plus hygiéniquement et à meilleur marché qu'au temps où le mouton était considéré comme une denrée de luxe. »

Or, l'introduction en France de viande de Madagascar, donnerait au Gouvernement un bénéfice de 55 pour 100 sur le prix d'achat de cette viande, en raison de la circulation des piastres.

l'alimentation des classes peu fortunées, qu'il faudrait autoriser à user d'un régime alimentaire, moins débilitant, en favorisant l'introduction des viandes exotiques.

Créez des consommateurs, vous écoulerez mieux vos produits.

Ce n'est pas là une vaine théorie ; les faits démontrent, en Angleterre, que rien n'est plus exact.

Donc la France introduit 200.000 tonnes de viande et l'Angleterre en importe 600.000 tonnes par an. Telle est la situation.

D'où tirons-nous cette viande. Les animaux vivants nous sont fournis : pour la race bovine : par l'Italie et la Belgique ; pour la race ovine : par l'Italie, l'Allemagne et l'Autriche. Mais nous ne recevons de là, qu'une petite quantité de notre viande importée, les prix étant sensiblement les mêmes, dans ces pays qu'en France.

Il n'en est pas moins vrai que les statistiques démontrent, que le plus clair de notre argent, passe ainsi entre les mains de nos bons amis les Allemands, les Italiens et les Autrichiens.

Il serait peut-être bon de chercher à notre

argent, une autre direction en encourageant
l'introduction des viandes de Madagascar, tout
comme l'Angleterre facilite l'introduction sur
son marché, des viandes congelées d'Australie
et de la Nouvelle-Zélande.

Les viandes congelées, qui entrent, surtout
dans l'alimentation ouvrière en Angleterre et
qui commencent à se répandre en France,
nous viennent de l'Amérique du Sud, de
l'Australie, de la Nouvelle-Zélande ; les salaisons de porc et les viandes fumées, nous
viennent de l'Amérique du Nord, ainsi que
les conserves, dont le marché principal est à
Chicago.

L'introduction de 200.000 tonnes de viande
étrangère en France, au prix moyen de 1 fr. 40
le kilogramme, nous coûte deux cent quatre-
vingts millions de francs. L'Angleterre, grâce
à son heureux régime douanier, ne paye que
1 franc le kilogramme, en moyenne, pour ses
600.000 tonnes, soit six cents millions par an.
Voilà deux États qui importent annuellement
pour près d'un milliard de viande.

Si le Gouvernement français le veut, il
trouvera à Madagascar toutes les ressources
dont il a besoin pour combler ces vides ; mais

si, sous la coloration de protéger l'agriculture nationale, le Ministère met à l'introduction des viandes malgaches des conditions prohibitives en frappant, par exemple, les viandes congelées destinées aux classes nécessiteuses, de droits de douane trois fois plus élevés que ceux des viandes abattues venant de l'Est, l'industrie de la viande congelée de Madagascar devra diriger ses produits sur l'Angleterre qui a le bon sens d'exempter de tous droits les produits d'alimentation que le pays ne peut fournir en quantité suffisante.

Que l'on ne croie pas que c'est au hasard que nous citons ces chiffres. Le rapport officiel précité de M. Potin faisait ressortir qu'en 1889 la viande congelée était soumise à des droits de douane de 12 francs les 100 kilogrammes, alors que la viande abattue de nos excellents amis de l'Est ne payait que 3 francs.

CHAPITRE III

CONSOMMATION DES RATIONNAIRES DU GOUVERNEMENT
FRANÇAIS EN VIANDE FRAICHE ET CONSERVES. — PAYS
QUI FOURNISSENT CETTE ALIMENTATION. — DÉPENSE
ANNUELLE QUE CELA REPRÉSENTE. — GUERRE,
MARINE, COLONIES, INTÉRIEUR.

Nous avons dit que la moyenne de la consommation annuelle de viande était, en France, de 45 kilogrammes par habitant. Cette moyenne est sensiblement dépassée pour les rationnaires de l'État qui en consomment plus de 100 kilogrammes.

La ration militaire étant de 0 kilog. 300, le soldat reçoit annuellement 108 kilogrammes de viande.

Dans un livre fort remarquable et dont nous recommandons la lecture à toutes les personnes qui s'intéressent à la question de l'alimentation (1), M. Marchal, vétérinaire

---

(1) *Des Viandes de boucherie conservées par le froid et de leur usage dans l'Armée*, par E. MARCHAL, vétérinaire en second au 8ᵉ régiment de dragons, à Verdun. — Asselin et Houzeau, éditeurs, 1895.

militaire, chargé du service de la boucherie militaire de Verdun, fournissant la viande à douze mille hommes de troupes, préconise l'usage de la viande congelée, dont la qualité est supérieure à bien des viandes indigènes, quoiqu'elle ne soit pas comparable à celle de nos viandes de choix, et dont le prix est sensiblement inférieur à celui de nos qualités secondaires.

Après un examen de notre production de viande par région et la constatation de l'insuffisance croissante de notre élevage, M. Marchal s'exprime en ces termes, après citation des productions américaine et australienne :

« N'est-il pas rationnel que les contrées qui regorgent de bétail expédient ces richesses, sans cela improductives, aux pays qui en sont privés ?

« L'importation extra-européenne est aujourd'hui plus que jamais une nécessité engendrée par la pénurie du bétail en France ».

Au point de vue de l'alimentation des armées en temps de guerre, la viande congelée est appelée à rendre les plus signalés services. Il faudrait sept cents wagons par jour pour le transport des animaux sur pied nécessaires

CARTE DE LA POPULATION BOVINE DE LA FRANCE

D'après l'ouvrage de M. MARCHAL : *Des Viandes de Boucherie
congelées par le froid.* (Asselin et Houzeau, éditeurs.)

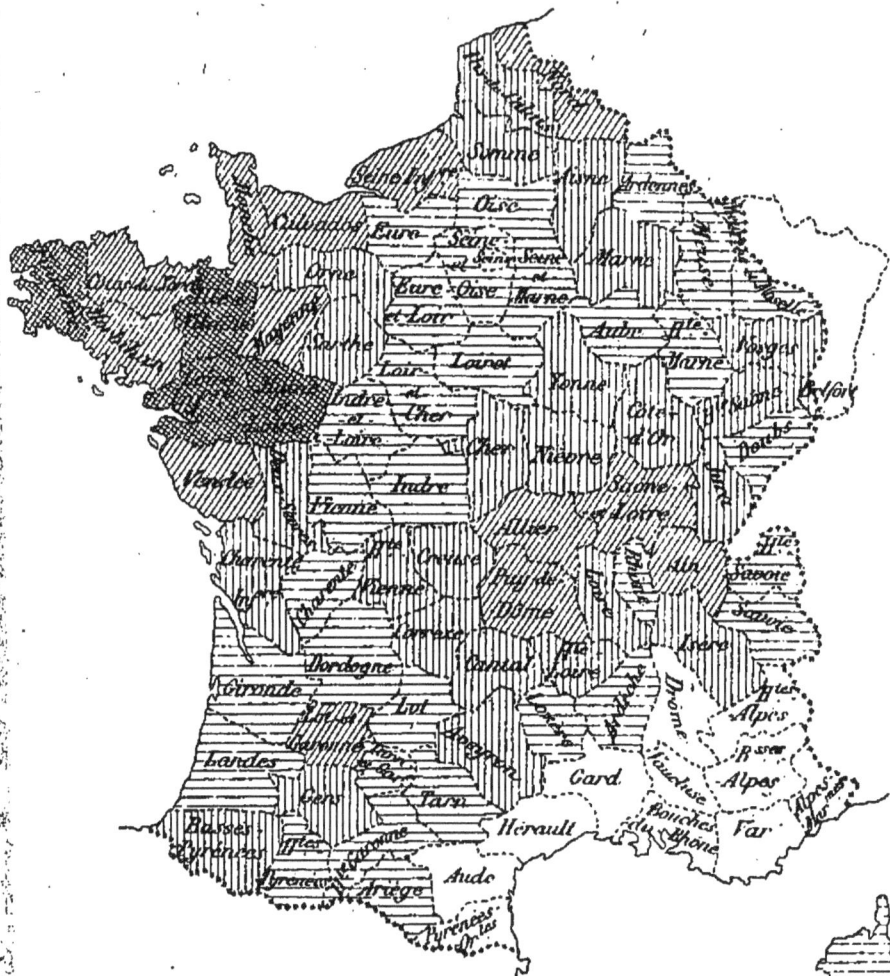

au-dessus de 350.000 têtes
de 250.000 à 350.000 —"—
de 150.000 à 250.000 —"—
de 50.000 à 150.000 —"—
au-dessous de 50.000 —"—

pour assurer le ravitaillement en viande d'une armée d'un million trois cent mille hommes. Quarante wagons suffiraient pour assurer la même alimentation à l'aide de la viande congelée (1).

Aussi, dans un rapport au Président de la République, en 1891, M. le Ministre de la Guerre rendait-il compte des études faites à ce point de vue par une Commission spéciale et, à la suite de ce rapport, était signé un décret prescrivant la création d'installations frigorifiques pour l'alimentation de la garnison et de la population parisiennes en temps de guerre.

Enfin, en mars 1894, l'autorité militaire appelait l'attention des chefs de corps sur les avantages et l'économie qui pouvaient résulter du remplacement d'une partie de la ration de viande fraîche par de la viande congelée.

Consulté, au point de vue hygiénique, sur cette question, le service de santé répondit que « la viande conservée par le froid est

(1) Consulter, à cet égard, une étude fort intéressante de M. LAMBERT, ingénieur E. C. P. : *Note sur le Ravitaillement des places fortes et l'Approvisionnement des Armées en campagne*, étude technique. — Fouilleul, éditeur, 30, rue du Canon, Le Havre, 1890.

3

tout aussi nutritive que la viande fraîche de boucherie ».

Aujourd'hui, il y a chose jugée, la plupart des régiments ont adopté l'alimentation par la viande congelée qui permet de ne recourir que de temps à autre aux mauvaises qualités classées sous le titre de « viande à soldats ».

Or, les rationnaires militaires consomment journellement pour une somme de 250.000 fr. de viande. En supposant huit journées par mois de viandes congelées, cela fait vingt-quatre millions par an.

La troupe consomme, en outre, cinq millions de boîtes de conserves d'un kilo par an; soit, à 1 fr. 55 le kilogramme (prix de l'adjudication du 6 novembre 1895), une dépense annuelle de huit millions. Il y a donc une dépense de trente-deux millions par an effectuée par la Guerre pour l'achat de viandes exotiques. C'est une prime énorme que notre administration donne à l'Amérique.

Si nous examinons le budget de la Marine, nous trouvons encore une dépense considérable en conserves, salaisons et viande fraîche.

Le Ministère des Colonies est un petit consommateur qui ne dépense que 100 tonnes de conserves de bœuf bouilli par année.

Par contre, le Ministère de l'Intérieur ayant à pourvoir à la subsistance des malades des hôpitaux, des vieillards des hospices, des nécessiteux de l'assistance publique, des prisonniers, etc., consomme annuellement des quantités énormes de viande fraîche. Ce département pourrait réaliser des économies notables en utilisant les viandes congelées pour ces divers rationnaires.

Au total, les quatre Ministères que nous avons visés pourraient consommer annuellement pour cent millions de viandes congelées en réalisant sur cette consommation une économie de cinquante millions.

Si cette viande congelée provenait de Madagascar, la dépense effectuée dans cette colonie pour l'achat de la viande et la main-d'œuvre employée donnerait encore au Ministère des Finances un bénéfice de plus de vingt-cinq millions de francs par l'écoulement de la monnaie.

Nous nous sommes longuement étendu sur ce sujet, parce que le bétail constitue la principale richesse de Madagascar et qu'elle est immédiatement disponible.

En dehors des services publics, on peut compter sur une consommation de plus de 100 tonnes de viande congelée par an, pour la population ouvrière. Nous devons espérer que cette quantité croîtra rapidement, dans l'intérêt des classes laborieuses.

CHAPITRE IV

PRODUCTION DE VIANDE DE MADAGASCAR. — COMPO-
SITION DES TROUPEAUX. — VACHES NOMBREUSES. —
AMÉLIORATION POSSIBLE DE LA RACE ET, PAR SUITE,
AUGMENTATION DE POIDS. — BAS PRIX ACTUEL POU-
VANT ÊTRE MAINTENU, MÊME AVEC UNE EXPORTATION
D'UN MILLION DE-TONNES PAR AN. — COMPARAISON
AVEC LES AUTRES PAYS D'ÉLEVAGE. — RACE OVINE.
— RACE PORCINE.

La consommation annuelle de gros bétail
de l'ile de Madagascar peut être évaluée à
un million de têtes, au maximum. Ce chiffre
est basé sur les données suivantes : Il est
constaté par le service de la douane une sortie
annuelle de deux cent quarante mille peaux
par les ports de Tamatave et de Majunga,
plus les bœufs vivants exportés annuellement
de Tamatave, vingt-cinq mille ; soit, deux
cent soixante-cinq mille têtes. Diégo-Suarez :
peaux, quarante mille ; bœufs, douze mille ;
soit, cinquante-deux mille têtes. Vohémar :
peaux, douze mille ; bœufs, vingt-deux mille ;

soit, trente-quatre mille têtes. Nossi-Bé :
peaux, trente-six mille. Mananjary, Vato-
mandry, Fénérife, Nossi-Vé, Fort-Dauphin,
Mouratsange et autres : deux cent trente mille
peaux et vingt-six mille bœufs, dirigés princi-
palement sur Mozambique, Mayotte et les
îles Comores ; soit un total d'environ six
cent quarante-trois mille têtes.

Mais il faut tenir compte que, dans une
foule de villages de l'intérieur, les indigènes
ne prennent pas la peine de dépouiller les
animaux ; après les avoir abattus, ils se
bornent à les dépecer grossièrement dans
leur enveloppe, comme l'on découpe à Paris
les sangliers ou les cerfs.

La peau n'a de valeur qu'autant qu'elle
peut parvenir à la côte ; or, combien de
villages n'ont aucune relation avec les
côtes ?.

D'autre part, les indigènes utilisent les
peaux de bœufs pour une foule de travaux ;
on a même établi, dans les environs de Tananarive plusieurs tanneries grossières permettant d'obtenir des cuirs de qualité très
inférieure.

Nous nous croyons donc fondés à déclarer

que l'abatage annuel et l'exportation des
bœufs atteignent un million de têtes à Madagascar.

Si chaque bœuf donne une moyenne de
150 kilos de viande, nous devons compter
sur une consommation de 100.000 tonnes par
an, défalcation faite des exportations.

Madagascar compte six millions d'habitants.
L'habitant ne consommerait donc en moyenne
que 15 kilogrammes de viande de bœuf par
an, soit trois fois moins qu'un Européen.

Cela tient à la sobriété, mais surtout à
l'indifférence du Malgache, qui préfère se
priver de viande plutôt que de s'astreindre
aux travaux de l'abatage, du dépeçage et du
fumage ou de la salaison de la viande.

Si on a pu connaître approximativement le
chiffre de la population, nul n'a pu encore
dénombrer le bétail de Madagascar. La den-
sité des troupeaux est très variable ; elle est
subordonnée à une foule de considérations
et de causes.

Les villages de la côte Ouest, placés dans
de vastes plaines sillonnées de cours d'eau,
ayant des pâturages à foison, élèvent de nombreux troupeaux. A Befandriana, à Madritsara

et dans les villages qui environnent Mourat-sange, on compte trois fois plus de bœufs que d'habitants.

Dans les forêts de la chaîne centrale, sur les pentes des montagnes, dont les plaines sont utilisées comme rizières et où ne se rencontrent que de rares pâturages, les bœufs ne sont élevés qu'au point de vue de la plantation du riz et on compte un bœuf par dix habitants.

On évalue à six ou huit millions la population bovine.

C'est donc sur la côte occidentale que se trouvent les grandes masses de bœufs et il n'est pas rare de rencontrer des villages où ces animaux n'ont aucune valeur et se vendent une piastre, soit 5 francs la tête.

Dans les centres d'exportation ou d'abatage : Diégo-Suarez, Vohémar, Tamatave, Nossi-Bé, le prix des bœufs varie de 25 à 45 francs.

Mais aucun de ces points ne produit les bœufs qu'il consomme. Ils sont amenés à petites journées, quelquefois de très grandes distances, ayant voyagé pendant un ou deux mois, à raison de 10 kilomètres par jour.

Ce mode de déplacement, qui permet au

bétail de manger en route sur tous les pâturages du parcours, de s'abreuver aux nombreux cours d'eaux, de se reposer aux heures de la chaleur et toute la nuit, ne fatigue pas trop les animaux, qui arrivent à destination en parfait état.

Les villages qui vendent les bœufs fournissent les indigènes pour les conduire. Il faut quatre indigènes pour conduire cent bœufs. Le salaire des conducteurs est uniformément fixé à 5 piastres (25 francs), quelle que soit la durée du voyage à accomplir.

C'est ainsi que la conduite d'un bœuf parcourant de quatre à cinq cents kilomètres ne coûte que 1 franc à l'acquéreur.

On peut faire circuler facilement des troupeaux de cinq cents à mille têtes.

Les mœurs malgaches ne ressemblent en rien aux mœurs européennes.

Elles varient d'ailleurs de tribu à tribu et, parfois, d'un village à l'autre.

Le régime qui paraît dominer, quant aux bœufs, est une sorte de système phalanstérien.

Le village possède un certain nombre de têtes appartenant à la communauté: quelques personnages possèdent, en outre, des bœufs

et surtout des vaches, à titre personnel. Tous
ces animaux sont marqués par des entailles
distinctives faites aux oreilles et ces marques
sont tellement variées, qu'il ne se produit jamais aucune confusion et que chaque habitant
du village reconnaît tout de suite à qui appartient un bœuf quelconque qu'on lui présente.

Le troupeau de la communauté sert, tous
les ans, au défrichement des terrains destinés
à la plantation du riz. Pour cette plantation,
le bœuf joue le rôle de bêche, de charrue,
de herse et de rouleau. On inonde le champ
à ensemencer que l'on a préalablement en-
touré de barrières grossières. On introduit,
dans cet enclos, un troupeau d'une trentaine
de bœufs et vaches, et on force ceux-ci à
courir dans l'intérieur en les excitant par des
cris et des coups de bâtons sur les cornes.
Lorsque le sol ainsi détrempé est délayé en
boue liquide jusqu'à la profondeur conve-
nable, on jette la semence qui utilise ainsi
comme engrais toutes les vieilles herbes
foulées par le troupeau. Il n'y a plus qu'à
laisser agir le soleil en ayant soin de maintenir le champ noyé dans quelques centi-
mètres d'eau.

Il faut donc à chaque village, pour la culture annuelle, un troupeau assez nombreux.

Une loi fort sage, qu'il faut espérer voir maintenir par l'administration française, interdit absolument l'abatage et l'exportation des vaches. Celles-ci doivent mourir de leur mort naturelle à la plus. extrême vieillesse.

Aussi le croît proportionnel est-il sensiblement supérieur au chiffre que l'on compte habituellement pour les troupeaux de reproduction. Dans les pays d'élevage où l'on tue indistinctement les bœufs et les vaches engraissées, le croît est estimé à 33 pour 100 du troupeau existant. Ces troupeaux ne comptent guère que 40 pour cent de vaches reproductives, le surplus est représenté par les animaux non adultes, les bœufs et les taureaux.

A Madagascar, les vaches représentent 70 pour 100 des troupeaux existants. Aussi, le croît dépasse-t-il 50 pour 100 de la population bovine.

Madagascar compte, pense-t-on, de six à huit millions de bœufs, donnant un croît annuel de trois à quatre millions de têtes, dont environ un million et demi de mâles destinés à la consommation annuelle.

Mais, il faut compter que les femelles
s'ajoutant tous les ans au nombre des reproducteurs, le croît est appelé à augmenter
annuellement avec une progression qui
atteindra, à bref délai, une proportion
énorme.

L'augmentation du croît, qui sera de deux
millions de têtes la première année, sera de
trois millions la deuxième, de quatre millions
et demi la troisième, et ainsi de suite.

Avant dix ans, Madagascar possédera plus
de trente millions de vaches, donnant un croît
annuel de quinze millions de têtes.

A ce moment on pourra rapporter la loi
qui interdit l'abatage ou l'exportation des
femelles : le troupeau reproducteur sera
suffisamment nombreux pour suffire à tous
les besoins.

En attendant, nous disposons d'un excédent de bœufs adultes dépassant deux millions
de têtes, auquel vont s'ajouter cinq cent mille
bœufs excédant de la production de l'année
courante.

L'excédent de l'année suivante sera d'un
million deux cent cinquante mille et celui de
la troisième année sera de plus de deux

millions de têtes. Ce chiffre ira ensuite croissant d'année en année, suivant la progression que nous avons indiquée (50 pour 100 par an, moins la consommation ordinaire d'un million de têtes).

Donc, nous pouvons considérer, que dès maintenant, il est possible de disposer de deux millions de têtes par an pendant les trois premières années.

Au prix moyen de 30 francs par tête, c'est soixante millions de francs que l'on devra introduire dans le pays.

Ces deux millions de têtes représentent, à 150 kilogrammes par bœuf, 300.000 tonnes de viande, soit à peu près tout ce qu'il faudrait à la France si les services publics prenaient la résolution d'utiliser cette alimentation. En attendant que le chiffre de la consommation en France atteignit ces 300.000 tonnes, il y aurait à diriger sur l'Angleterre tout ce qui ne serait pas utilisé par le marché français.

Le bœuf de Madagascar, de la race Zébu, fournit une viande d'excellente qualité, que la commission sanitaire de l'armée a comparée à celle de Chicago. Ce bœuf a un squelette de grande dimension, sa masse est énorme, comparée à son faible poids. Cela tient à ce que les quatre membres sont relativement grêles, les pattes fines comme celles des animaux créés pour parcourir de grands espaces.

Rien ne serait plus aisé que de modifier cette race et de mettre des masses charnues sur cette carcasse.

En introduisant quelques taureaux de nos races perfectionnées; en choisissant les vaches les plus belles pour constituer un troupeau de reproduction; en conservant précieusement comme taureaux les mâles de cette provenance et les distribuant dans les centres de gros élevage, à la condition que les taureaux indigènes y soient supprimés, on aurait, en moins de cinq ans, modifié la race et constaté qu'elle est celle qui convient le mieux au croisement avec le zébu.

Il suffirait alors d'introduire annuellement quelques reproducteurs de cette espèce pour renouveler le croisement.

Les frais de cette introduction pourraient être mis à la charge du Gouvernement, puisqu'en augmentant le rendement des animaux on augmenterait la fortune publique et les revenus de l'Etat.

On obtiendrait d'autant plus facilement des bœufs de 700 à 800 kilogrammes qu'on arrive déjà à ce résultat, par une simple sélection, parmi les animaux existants.

Mais il faut tenir compte de la mollesse de caractère, de l'indifférence du malgache et il serait nécessaire qu'une loi ordonnât, village par village, l'utilisation des nouveaux taureaux.

En maintenant le chiffre de la reproduction et en doublant le rendement en viande, on pourrait, dans cinq ans, disposer de cinq millions de bœufs transformés, donnant un million cinq cent mille tonnes de viande, soit tout ce qu'il faudrait pour combler le déficit de la France et de l'Angleterre, en tenant compte de l'augmentation continue de l'insuffisance européenne.

Le surcroît constant du bétail permet d'affirmer que le prix ne saurait en augmenter sensiblement. Tout permet de croire, au contraire, que ce prix ira encore en diminuant à mesure que les villages verront progresser le nombre de leurs animaux, et que les habitants auront de nouvaux besoins à satisfaire.

Ce qui constitue une supériorité notable au profit de l'élevage malgache, c'est le bas prix du bétail qui tient au mode même de cet élevage.

Sur tous les points de la colonie, on peut facilement obtenir du bétail dont le prix n'excédera pas 0 fr. 10 le kilogramme, poids vif. Or, ainsi que nous le verrons au chapitre VI, chacune des parties qu'il faut éliminer pour obtenir le poids net des quatre quartiers donne un rendement supérieur à 0 fr. 10 le kilogramme. — On peut donc dire que le prix de la viande abattue est le même que celui de l'animal vivant, soit 0 fr. 10 le kilogramme.

Il n'y a pas de pays au monde où l'on puisse obtenir la viande à aussi bas prix. — Il faut, pour les pays les plus favorisés, tripler le coût de la viande de Madagascar, pour avoir le prix de revient.

Cela tient au mode d'élevage que nous avons sommairement indiqué. Les bœufs ne représentent aucuns frais, les terres étant exemptes d'impôts, et la docilité de ces animaux permettant de confier la garde des troupeaux les plus nombreux à un seul indigène et quelques chiens.

Le gardiennage est effectué à tour de rôle par un des indigènes du village, qui rentre le troupeau, le soir, dans le parc qui se trouve au centre des habitations.

Donc, le bœuf ne représente aucune dépense pour l'habitant.

Nous nous sommes longuement étendu sur la race bovine parce que c'est la seule qui soit régulièrement exploitée et qui donne lieu, dès à présent, à un commerce important.

La race ovine mérite d'arrêter aussi notre attention. Le mouton existant à Madagascar n'est pas le mouton à laine qui a enrichi l'Australie, la Nouvelle-Zélande et l'Amérique; c'est un mouton à poil ras et à grosse queue, de la race qu'on trouve à Aden et qui tient autant de la chèvre que du mouton.

Ce mouton existe en abondance dans tout l'Imerina et chez diverses tribus de l'Ouest de Madagascar. Son prix est de 2 fr. 50 la tête, relativement plus élevé que celui du bœuf.

Ici le croisement immédiat s'impose. Il est

indispensable d'introduire des béliers choisis donnant des races à belle laine, la viande devant ne représenter qu'une valeur secondaire de l'animal, dont la toison doit être le principal rendement.

Nous avons fait une tentative en introduisant quelques béliers et quelques brebis de France, d'Algérie et d'Egypte en 1892 ; malheureusement ces animaux ont tenté l'appétit de nos successeurs, qui ont préféré en jouir tout de suite que préparer l'avenir. Ce troupeau a été abattu et mangé. Il n'en reste plus aucune trace.

Nous n'avons pas de donnée, même approximative, sur le nombre de moutons que nourrit Madagascar, mais nous avons la conviction que cette partie de l'élevage donnera de brillants résultats, le climat convenant fort bien pour le développement de cette race.

Le porc existe à Madagascar en assez grande quantité et on pourrait en développer le nombre au point de lutter avec l'Amérique du Nord. La fécondité des mères est vraiment extraordinaire et les sujets, vivant en liberté, y atteignent un développement rapide.

En 1890, nous avions acheté dix truies et

un verrat, à peine adultes. Un cyclone et un débordement des rivières, survenus en 1892, nous enlevèrent une centaine de produits et deux de nos premières femelles, néanmoins, en décembre 1892, notre porcherie comptait 800 sujets, bien que, depuis six mois, on abattit un porc par semaine pour l'alimentation de notre personnel.

Tel était le croît obtenu avec dix truies en moins de trois ans; ces animaux étaient élevés en pleine liberté et chargés de la propreté de notre village indigène, qui comportait deux mille travailleurs.

Ils nous débarrassaient de tous les détritus et nous leur distribuions : le sang, les poumons, déchets et boyaux provenant de notre abattoir, avec un mélange de la balle de riz, qui servait à l'alimentation de notre armée de travailleurs.

La balle représente 40 pour 100 du poids du riz non décortiqué. Nos indigènes ayant droit à 0 kilog. 750 de riz par jour, nos machines à décortiquer nous donnaient, tous les jours, environ 1.200 kilogrammes de balle, que nous faisions cuire avec les débris d'abattoir et les abats rouges. Telle était la base de l'alimentation de notre porcherie, à laquelle nous ajoutions un peu de manioc, quelques patates, du maïs, tous produits qui se trouvaient sur place en abondance et nous revenaient à 50 francs la tonne. Nous ajoutions à cela quelques bananes et bananiers dont nous avions fait une plantation ; pour le surplus, les animaux y pourvoyaient eux-mêmes, en se nourrissant des herbes qui poussaient dans le voisinage de la porcherie.

Les femelles donnaient de huit à dix petits et la reproduction commençait dès que les sujets atteignaient leur sixième mois.

Pour ces animaux, il ne faut pas compter sur le malgache, si ce n'est pour trouver les premiers reproducteurs. Les malgaches possèdent des porcs dans tous les villages, mais nulle part on n'en trouverait un nombre considérable. Il faudra que l'industriel qui voudra créer des usines pour le travail de la viande, se procure les premiers éléments de sa porcherie et qu'il la développe ensuite lui-même, suivant les besoins de son industrie.

Il faut tenir compte que le porc est un auxiliaire obligé de ces usines, dont il absorbe les déchets, qu'il transforme en viande saine et savoureuse.

Nous parlerons plus spécialement du porc dans notre chapitre VI.

Pour résumer ce qui précède, nous dirons que Madagascar peut suffire immédiatement pour combler le déficit de la viande en France, que, dans cinq ans, notre colonie pourra combler à la fois le déficit de la France et de l'Angleterre.

La dépense nécessitée par l'utilisation de ces viandes, mettrait en circulation, à Madagascar, plusieurs centaines de millions et donnerait un bénéfice de plus de cinquante millions par an, soit au gouvernement français, soit au pays de Madagascar, selon que ce serait l'un ou l'autre qui fournirait la monnaie nécessaire pour ces achats.

Nous ne pouvons clore ce chapitre sans parler de l'exportation des peaux de bœuf de Madagascar.

Ces peaux se vendent de 6 à 8 francs l'une fraîches; elles valent 10 francs salées et séchées.

La France est tributaire de l'Australie et de la République Argentine pour la fourniture des peaux brutes que la tannerie transforme en cuirs. Nous importons annuellement pour deux cents millions de peaux. Madagascar exporte annuellement 500.000 cuirs, représentant une valeur de cinq millions. Cette exportation peut et doit être quintuplée. Ces vingt-cinq millions de francs de peaux de Madagascar représentent une valeur double en France, soit cinquante millions de francs. Nous aurons encore à faire face à un déficit de cent cinquante millions par an, que Madagascar comblera dans une quinzaine d'années.

Même en développant l'industrie de la tannerie et de la corroierie à Madagascar, on ne peut compter utiliser qu'une minime partie de ces peaux.

De ce chef, Madagascar encaissera des sommes élevées, dont la circulation profitera au Gouvernement.

Nous serons alors à l'abri des accapareurs américains et nous n'aurons plus à redouter des crises sur les cuirs, comme celle que nous traversons en ce moment.

CHAPITRE V

Les usines qui voudront exporter en Europe
les viandes congelées de Madagascar, devront
être disposées pour utiliser les divers sous-
produits que donne l'abatage du bœuf, de
manière à obtenir la viande nette au moindre
prix de revient possible. Il sera même bon
d'éliminer de l'exportation les morceaux secondaires et de n'expédier que les morceaux
de choix : aloyaux, trains de côtes, etc.

C'est ce que font les grandes usines de
Chicago, qui sont surtout de vastes bouche-
ries dirigeant sur le reste des Etats-Unis, par

trains spéciaux frigorifiques, les viandes réfri-
gérées, destinées à l'alimentation des grands
centres.

Les usines de Madagascar, qui doivent
songer à expédier sur l'Europe les produits
de leur boucherie ne sauraient se borner à
réfrigérer leur viande; il faut la congeler; la
transporter à bord sur des chalands maintenant la congélation; l'embarquer sur des
navires munis de chambres et de machines
réfrigérantes capables de maintenir le chargement en état de congélation pendant toute la
traversée.

Les bas-morceaux et les sous-produits du
bœuf devront être traités soit en conserves,
soit en salaisons.

Dans les pays voisins, où la viande abonde
pourtant, il se produit un phénomène singulier : La Réunion, Maurice, Mayotte, la colonie portugaise de Mozambique, consomment
des quantités notables de salaison.

Les bœufs exportés vivants de Madagascar
sont vendus sur ces divers points à un prix
moyen de 150 francs la tête. Le prix de la
viande y varie de 0 fr. 80 à 1 fr. 50 le kilogramme, suivant qualité.

Les salaisons provenant de Nantes s'y vendent, au détail, de 1 fr. 25 à 1 fr. 75 le kilogramme.

Les salaisons de bœuf provenant de Madagascar s'y vendent, en gros, 0 fr. 75 le kilogramme.

Cette consommation de salaisons s'explique par ce fait que les agriculteurs résident sur leur concession, à une grande distance de la ville où se vend la viande fraîche. Il leur faut donc recourir à une alimentation de conserve, et la salaison remplit cet office.

Dans le chapitre prochain, nous examinerons en détail le traitement et le rendement des sous-produits des bœufs.

Bornons-nous à faire observer ici que le kilogramme de viande conservée en boîtes, de bœuf bouilli ou bœuf rôti représente 2 kilog. 500 de viande abattue. Sous le nom de corned beef, ou galantine de bœuf, cette viande se vend à Paris de 1 fr. 30 à 1 fr. 50 le kilogramme. — Il est singulier de voir cet aliment discrédité et peu utilisé. Si le public tenait compte que cette viande sans os, ayant perdu 40 pour 100 de son poids à la cuisson, représente deux fois et demie son poids en viande fraîche, il constaterait qu'il y a là une économie sérieuse comme alimentation. Le prix de la viande fraîche qui a servi à faire ces conserves revient à 0 fr. 60 le kilogramme, c'est-à-dire au tiers du prix de la même viande en France.

Cependant, l'usage de ces conserves tend à se genéraliser davantage, surtout dans les grandes villes, et il faut penser que le moment n'est pas éloigné où la classe laborieuse en consommera de notables quantités.

Nous avons dit que la viande congelée nécessite, pour son transport, l'emploi de navires spécialement outillés.

Il faut que ces navires, munis d'une machine Hall, soient en mesure d'effectuer des transports réguliers, de manière à permettre de compter sur des arrivages à dates fixes.

Les Chargeurs-Réunis, du Havre, ont toute une flotte outillée pour effectuer ce genre de transports de la République Argentine. Les Anglais ont une flotte rapide qui effectue, en quarante-cinq jours, ces mêmes transports de l'Australie ou de la Nouvelle-Zélande jusqu'à Londres.

Madagascar est visité par une flotte française possédant de magnifiques steamers : la Compagnie Havraise et Péninsulaire de navigation à vapeur. Les paquebots de cette Compagnie effectuent un voyage par mois, avec une régularité parfaite.

La traversée ne dure que vingt-deux jours, soit moitié moins de temps que celle d'Australie. Le même capital permet donc de faire deux opérations pendant que les industriels australiens n'en font qu'une. Le coût du transport est, en outre, de 50 pour 100 moins élevé.

Le directeur de la Compagnie Havraise, M. Grosos, consulté sur la possibilité d'utiliser sa flotte pour ces transports, a fait connaître qu'il était tout disposé à transformer ses steamers pour leur permettre de recevoir ce genre de chargements.

Ceci ne serait pas encore suffisant et il est indispensable d'assurer, en France, la conservation des viandes congelées jusqu'au moment de leur consommation.

Nous sommes entrés en relations avec la maison Sansinena et Cie, qui possède des dépôts au Havre, à Pantin et à Londres.

Cette Compagnie serait disposée à recevoir les viandes de Madagascar et à en assurer l'écoulement dans ses divers et nombreux dépôts.

On peut donc dire que tout est prêt pour cette vaste opération. Il est à souhaiter qu'elle ne profite pas à nos bons amis les Anglais qui, après avoir tout fait pour entraver notre établissement à Madagascar, ne vont pas manquer de venir exploiter ce pays, à l'ombre de notre drapeau.

CHAPITRE VI

SOUS-PRODUITS DU BŒUF : LANGUES SALÉES, FUMÉES
OU CONSERVÉES, BOSSES SALÉES OU FUMÉES, GRAS-
DOUBLE, TRIPES MODE, EXTRAIT DE VIANDE, SUIF
ET SAVONNERIE, PEAUX, MOELLE, GÉLATINE OU
COLLE FORTE, CORNES, CORNILLONS ET SABOTS,
ENGRAIS AZOTÉS ET PHOSPHATÉS, PORCHERIE AVEC
ALIMENTATION ANIMALE ET VÉGÉTALE, DISTILLERIE
ET FÉCULERIE. — PRIMES ALLOUÉES PAR LA RÉPU-
BLIQUE ARGENTINE POUR L'ÉTABLISSEMENT D'USINES
A CONSERVES.

Le traitement rationnel du bœuf, au point
de vue de l'utilisation de sa viande en conserves ou en congélation, comporte la fabrication
d'une série de sous-produits dont l'écoulement
est facile.

Les salaisons et les conserves peuvent se
vendre en partie dans les pays voisins de
Madagascar ; les engrais trouvent à la Réunion
et à Maurice un marché des plus avantageux.
L'île de Maurice consomme annuellement
20.000 tonnes d'engrais venant du dehors

pour ses cultures de canne à sucre. Il en faudrait tout autant à la Réunion. A 40 kilogrammes d'engrais par tête, c'est ce que produiraient un million de bœufs traités en conserve. Pour les animaux destinés à fournir de la viande congelée, le rendement en engrais n'est guère que de 10 kilogrammes par tête. Les îles Marcareignes consomment donc les engrais que pourraient produire quatre millions de bœufs congelés.

Le tableau ci-dessous fait ressortir la division d'un bœuf de Madagascar, du poids moyen de 350 kilogrammes.

Le poids vif étant de.........	350	kilog.
on aura :		
Perte à l'abatage (50 p. 100)...	175	—
Viande des quatre quartiers...	175	—
Poids des os (25 p. 100).......	45	—
Viande désossée............	130	—
Perte au ressuage (5 p. 100)...	6	—
Viande nette à cuire.........	124	—
Perte au blanchiment (40 p. 100).	50	—
Viande cuite...............	74	—

Un bœuf de 350 kilogrammes donne donc environ 75 kilogrammes de viande conservée.

Il reste en outre :

15 kilogrammes de cou et tête, 9 kilogrammes de gélatine sèche, 10 kilogrammes tripes, boyaux, gras-double, 6 kilogrammes sang, 15 kilogrammes suif (au minimum), 35 kilogrammes phosphates, 10 kilogrammes graisse du bouillon, huile de pieds et moëlle, deux rognons, une langue, une queue, deux cornes, huit sabots, 3 kilogrammes extrait de viande, une peau de 30 kilogrammes.

La valeur de chacun de ces sous-produits est bien supérieure au prix de 0 fr. 10 le kilogramme que coûte l'animal sur pied.

Elle suffit pour payer le prix du bœuf, toute la main-d'œuvre et la matière première nécessaires pour préparer les conserves ou la viande congelée.

Les langues et les bosses peuvent être salées ou fumées; elles se vendent à la Réunion et à Maurice, en barils de 70 kilogrammes, à raison de 0 fr. 75 le kilogramme, en gros. Mais en conserve, les langues se vendent, en Europe, de 2 francs à 2 fr. 50 l'une.

Les gras-doubles, tripes et boyaux, sont préparés en conserves, soit au naturel, soit à la mode de Caen ; ces conserves se vendent en Europe 0 fr. 75 le kilogramme.

L'extrait de viande s'obtient par divers procédés. Dans la République Argentine, à Fray-Bentos, la Compagnie Liebig emploie 34 kilogrammes de viande désossée, cuite à fond, pour obtenir un kilogramme d'extrait de viande. A Chicago, la maison Armour obtient 1 kilogramme d'extrait par 10 kilogrammes de viande.

Dans la brochure officielle déjà citée, M. Potin constate ce fait : pour l'usine Liebig, page 42, pour l'usine Armour, page 51, sans s'expliquer sur cette énorme différence. La raison nous en est connue. C'est un procédé découvert par les agents de la maison Armour, qui est longtemps resté le secret de cette maison et que nous n'avons pu pénétrer que très difficilement.

Le suif peut comporter divers traitements. On peut en extraire l'oléo-margarine et fabriquer de la bougie avec la stéarine qui reste ; on peut encore, et on obtient un produit plus immédiatement réalisable, se borner à fabriquer du savon.

Les peaux peuvent être vendues sur place,

fraîches, au prix de 0 fr. 25 le kilogramme ; elles peuvent être salées et expédiées en vert sur l'Europe, où elles sont vendues au prix de 0 fr. 50 le kilogramme ; elles peuvent enfin être salées et séchées, et expédiées soit en Amérique, soit en France, pour les besoins de la tannerie.

Il serait certainement préférable de créer des tanneries à Madagascar même, pour éviter les frais de transport et utiliser la main-d'œuvre à bas prix que fournissent les indigènes ; mais cela n'a pas encore été tenté. On trouve cependant à Madagascar, outre le palétuvier, une foule de bois dont les écorces sont propres à la tannerie.

La moëlle fine est obtenue par une fusion au bain-marie ; ce produit nécessite quelques soins pour obtenir toute sa valeur marchande.

Avant de travailler les os en phosphates, on en extrait soit la gélatine, soit de la colle forte ; il est préférable de fabriquer le premier de ces produits et de préparer la colle forte à l'aide des pieds, muffles et résidus de la peau. La gélatine s'extrait à raison de 16 à 18 pour 100 des os ; elle se vend de 2 francs à 2 fr. 50 le kilogramme en Europe.

Les engrais sont de plusieurs qualités, selon leur provenance.

Les os dégélatinisés, pulvérisés à la meule, donnent des phosphates que l'on peut transformer en superphosphates en les travaillant à l'acide sulfurique. Ces engrais se vendent 200 francs la tonne à Maurice. Les frais d'emballage et de transport représentent 40 francs par tonne. Les cornes et sabots, torréfiés et pulvérisés, donnent un engrais qui se vend 250 francs la tonne.

Enfin, le sang desséché, les débris de viande ou déchets se vendent comme engrais azotés et sont payés 400 francs la tonne, sous le titre général de : poudre de viande et de sang.

Tels sont les principaux sous-produits dont l'industrie doit tirer parti pour rendre productive l'opération des viandes.

Cette industrie doit, en outre, créer une vaste porcherie qui se développe avec l'abatage et qui doit fournir journellement un nombre de sujets à abattre correspondant à l'importance de l'usine.

Prenons une usine abattant et travaillant seulement trois cents bœufs par jour. Les abats rouges (cœur, foie, poumons, rate,

rognons), représentent 15 kilogrammes par
bœuf ; les déchets de tripes, de sang, de la
langue, etc., donnent environ 2 kilogrammes ;
il y a, en outre, 10 litres d'eaux grasses provenant du lavage et du blanchiment des tripes
et gras-doubles, des fontes de suif, etc. Il
faut mélanger à cela environ 30 kilogrammes
de nourriture végétale cuite, soit environ
60 kilogrammes par bœuf. A 5 kilogrammes
d'alimentation moyenne par porc, cela représente la nourriture de douze porcs par bœuf
abattu, soit trois mille six cents porcs pour
une usine abattant trois cents bœufs par
jour.

La nourriture végétale, avons-nous dit, doit
correspondre à 30 kilogrammes par bœuf
abattu, soit 10 tonnes par jour. Ces 10 tonnes
peuvent être produites sur le territoire de
l'usine en maïs, manioc, patates douces, riz,
bananiers, etc., sinon, il faudra l'acquérir à
un prix moyen de 50 francs la tonne, soit
500 francs par jour.

Il serait ruineux de se livrer à cet achat,
dans le simple but de suffire à la porcherie.
Aussi l'usine doit-elle avoir des annexes lui
permettant de n'affecter que des déchets à

cette alimentation. Ces annexes sont : une distillerie et une féculerie.

Dans la distillerie, on traitera le maïs et le riz, dont on retirera l'acool avant de livrer les résidus à la porcherie. Dans la féculerie, on traitera le manioc, pour en faire de la farine ou du tapioca, afin de ne donner à la porcherie que les épluchures et déchets.

On poura ajouter à cela une certaine quantité de coprah, dont on aura préalablement extrait l'huile.

On pourra ainsi se procurer journellement, en réalisant un bénéfice sur chaque produit :

Trois tonnes de déchets de maïs ou riz de la distillerie ; 3 tonnes de déchets de manioc de la féculerie ; 3 tonnes de déchets de coco ou coprah, une tonne de balle de riz, provenant de la ration du personnel, en tout 10 tonnes. Joignez à cela quelques régimes de bananes et quelques bananiers découpés en tranches et vous aurez une alimentation suffisante, composée de détritus. Les porcs se procureront eux-mêmes, au dehors, le surcroît de nourriture nécessaire, en absorbant de l'herbe, des racines, des lianes et autres végétaux.

L'abatage peut être de dix porcs par jour qui sont largement remplacés par le croît quotidien.

Il faut seulement avoir soin de parquer à part trois cents porcs, mis en stalles spéciales, dix par dix, et alimentés plus soigneusement que le reste de la porcherie. Ce sont les animaux destinés à l'abatage du mois, et qui sont soumis, pendant trente jours, au régime de l'engraissement. Tous les matins, on vide une stalle dans laquelle on replace, le soir, les dix sujets qui paraissent les plus avancés dans le troupeau général.

L'abatage, va de stalle en stalle, jusqu'au moment où on recommence la série. Pour ces animaux à l'engraissement, on supprime le coprah qui donne un certain goût à la viande et on ajoute du maïs cru et quelques patates douces, dont le porc est très friand.

Les porcs de Madagascar donnent 100 kilogrammes de viande en moyenne. Grâce aux appareils frigorifiques, l'usine doit disposer de chambres dans lesquelles la viande de porc puisse être travaillée sous toutes les formes. On peut donc préparer jambons, saucissons, lards, charcuteries assorties, salaisons etc.,

qui trouveront un écoulement dans le voisinage et dont l'excédent pourra toujours être
dirigé sur l'Europe dans les navires transpor-
teurs de viandes congelées (1).

(1) Nous croyons devoir ajouter ici, le détail du prix de
revient, en Europe, d'un kilogramme de viande congelée de
Madagascar :

Prix d'achat sur les lieux........................... 0 fr. 10
Congélation et embarquement.................... 0   05
Frais généraux.................................... 0   01
Frais de transport................................ 0   20
Douane en France................................. 0   15

Prix au Havre.................... 0 fr. 51
Débarquement et transport du Havre à Paris....... 0   05
Octrois à Paris................................... 0   12
Frais généraux à Paris............................ 0   01

Prix de revient à Paris.......... 0 fr. 69

Le prix de vente à Paris, doit être de 1 franc le kilogramme,
laissant 30 pour 100 de bénéfice ; à Londres, le même kilogramme reviendrait à 0 fr. 35, n'ayant à acquitter ni douane,
ni octroi. On pourrait donc vendre cette viande 0 fr. 49, en
réalisant le même bénéfice net de 30 pour 100.

La viande congelée se vend actuellement moitié moins
cher en Angletere qu'en France, ce qui explique la grande
consommation qu'en fait la classe ouvrière et le bien-être
dont jouissent les classes laborieuses anglaises.

Notez qu'il s'agit, dans le calcul ci-dessus, des morceaux
choisis : aloyaux, trains de côtes et romstecks, les bas morceaux devant être affectés aux salaisons, extraits, etc.

L'Angleterre recevant ses viandes de pays où elles coûtaient
beaucoup plus cher, les paye 1 franc le kilogramme, alors
que nous les payons 1 fr. 50 en France, par suite des droits
de douane et octroi.

Telles sont les opérations obligées d'une usine voulant donner des produits de bonne qualité et à bas prix.

Il faut pour cela des capitaux importants. Les Américains et les Anglais en ont trouvé pour leurs pays ; la France, qui regorge d'argent, n'en trouvera-t-elle pas pour mettre en valeur cette énorme richesse de sa nouvelle colonie ?

Mais si les capitaux français ne prennent pas les devants, les Anglais ne manqueront pas de s'emparer de cette industrie. Déjà, en 1893, l'un d'eux, nommé Osborne, avait obtenu du Gouvernement hova une concession de cinquante mille hectares et certaines facilités pour créer un de ces établissements à Vohémar.

L'intervention de M. de Mahy, toujours sur la brèche quand il s'agit de nous défendre contre les empiètements d'Albion, fit retirer cette concession. Ce qui n'a pas réussi avec M. Osborne réussira demain avec un autre, si le Gouvernement français ne prend pas la ferme résolution de venir en aide à nos nationaux et de pousser vers Madagascar les capitaux qui demandent un emploi.

Si la France veut profiter de l'expérience acquise en cette matière par les nations qui ont précédé Madagascar pour l'exportation des viandes, nous lui citerons ce qui s'est produit dans la République Argentine. Le Congrès de 1887 vota une prime de deux millions cinq cent mille francs par an, pendant trois ans, à partir du 1er janvier 1888, pour encourager l'exportation des viandes conservées ou congelées.

Il était attribué comme prime : 100 francs par tonne de viande conservée ou congelée; 15 francs par bœuf vivant exporté.

En 1888, le Congrès poussa plus loin encore, il ajouta à la subvention précédente une garantie d'intérêt de 5 pour 100 sur les premiers quarante millions de francs qui seraient affectés à la construction d'usines de conserves avec leurs annexes, ou à des usines pour l'exportation de la viande congelée. Enfin, en 1889, le Congrès abolissait tous droits ou impôts frappant l'industrie de la viande dans toute l'étendue de la République.

Aussi cette industrie, qui compte plus de trente millions de têtes de bétail pâturant

sur 20.000 lieues carrées de terres, repré-
sente-t-elle aujourd'hui une valeur de plus de
trois milliards de francs.

En France, ainsi que nous l'avons indiqué
par les chiffres ci-dessus, loin de recevoir
un encouragement cette industrie est frappée
d'impôts qui doublent le prix de revient.

Il est vrai que jamais encore aucune de
nos colonies n'a fourni de viande congelée.
Les viandes en conserves des colonies françaises ont été exemptées de l'impôt de
douane. Si le Gouvernement français avait la
sagesse d'étendre cette exemption aux viandes congelées provenant de nos colonies,
nous pourrions bientôt consommer de la
viande de choix, de bonne qualité, au même
prix qu'en Angleterre; soit à 0 fr. 50 le
kilogramme.

A ce prix, le beefteak entrerait dans l'alimentation courante et nous aurions un régime
plus nutritif et plus fortifiant.

Le Gouvernement trouverait, dans le roulement des piastres à Madagascar, une large
compensation du sacrifice fiscal qu'il consentirait.

Quant à l'agriculture française, elle ne

souffrirait pas plus de ce régime que n'en souffre l'agriculture anglaise. En créant de nouvelles couches de consommateurs, on obtiendrait un relèvement du prix des viandes indigènes, seulement, il serait indispensable qu'une loi fît pour les viandes congelées ce que l'on a fait pour la margarine : c'est-à-dire obligeât les bouchers à indiquer leur viande congelée.

M. Dainaux, dans une étude sur la Plata, s'exprime en ces termes :

« Malgré ces primes et ces encouragements, l'éleveur d'Europe n'est ni atteint, ni même menacé par l'énorme production des grands troupeaux de bœufs sud-américains.

« Il en sera de même, toujours, de la viande : son prix s'est toujours élevé et s'élèvera encore; il faudra construire encore et aménager des flottes de steamers pour apporter à travers l'Atlantique des chargements de viandes, qui seront toujours, quoiqu'on fasse, insuffisants à combler, à atténuer même le déficit de France et d'Angleterre. »

Ainsi donc voilà ce qui s'est passé dans l'Amérique du Sud. La France, qui va administrer Madagascar, aura-t-elle la sagesse d'entrer dans cette voie et de comprendre que les milliards qui peuvent se dépenser à Madagascar représentent pour elle une source de revenus qui doit l'amener à soutenir et encourager l'industrie pastorale dans la grande île.

C'est ce que nous dira un avenir prochain. Nous allons, en attendant, examiner de quelle façon a été encouragée la première tentative qui ait été faite dans cette voie.

CHAPITRE VII

Les idées que nous avons émises ci-dessus
ont été en partie exécutées de 1890 à 1893. Le
point choisi pour l'édification des usines fut
Diego-Suarez, colonie française à l'extrême
Nord de Madagascar.

Ce choix fut surtout déterminé par des
considérations d'ordre fiscal ; les produits des
colonies françaises sont exempts de droits de
douane à leur entrée en France.

Le 9 juin 1889, le Ministre de la Guerre,
en adjudication publique, accordait un marché de dix-sept millions de francs pour douze
millions de boîtes de conserves à provenir
de Madagascar.

Une puissante Société financière s'engageait

à fournir les capitaux nécessaires pour cette vaste entreprise.

Consulté sur le choix de l'emplacement et sur les avantages qu'on pourrait obtenir du Gouvernement hova, M. Le Myre de Vilers, alors résident général à Tananarive, donna son sentiment en une lettre qui se terminait par ces mots particulièrement suggestifs :

« Au pis-aller vous pourriez vous établir à Sainte-Marie, terre française.

« Seulement, je ne saurais trop vous engager à vous prémunir contre les tracasseries *fiscales et autres* auxquelles vous ne manquerez pas d'être en butte de la part des administrations locales. »

C'était la pensée d'un homme qui connaît bien nos coloniaux et dont il n'a pas été tenu suffisamment compte. Il était indispensable, pour la raison donnée ci-dessus, de se placer sur un territoire français; mais il aurait fallu ne le faire qu'en s'entourant de sauvegardes suffisantes pour être à l'abri des tracasseries administratives françaises.

Nous devons ne pas perdre de vue que nos colonies sont soumises à un arbitraire absolu; que l'administration de la Guerre elle-même a été impuissante à surmonter les tracasseries du commissariat colonial et que plutôt que de placer les malades du corps expéditionnaire à l'hôpital de la Réunion, elle a dû se résoudre à rapatrier des mourants dont il a fallu jeter les cadavres à la mer.

C'est au nom de l'intérêt supérieur de la Patrie, dont ces fonctionnaires parlent à toute minute et bien inconsidérément, que l'on a voué à la mort des centaines de malheureux qu'un séjour à la Réunion aurait pu sauver.

Placer une œuvre industrielle et, en quelque sorte nationale, sous la coupe de pareilles nullités, c'est la vouer à la ruine et vouer en même temps à la misère les nombreux travailleurs qu'une telle œuvre faisait vivre.

La création de l'usine de Diégo-Suarez fut particulièrement difficile. Cette colonie ne possédait ni routes, ni ponts, ni matériel de débarquement, il fallut tout créer de toutes pièces. Une voie ferrée de 8 kilomètres avec traction à vapeur fut établie dès le début, utilisant le matériel de la maison Legrand, le plus commode et le moins encombrant de ceux qui sont employés pour les

voies portatives. Un matériel naval de plusieurs centaines de mille francs, comprenant
chalands et remorqueurs, fut introduit dans
la colonie. De vastes magasins provisoires
furent construits en quelques jours pour
abriter l'important matériel que les entre-
preneurs expédiaient de France à raison de
mille tonnes par mois.

Il fallut créer un village pour loger plusieurs milliers de travailleurs, lui assurer son
approvisionnement en vivres et en eau.

Grâce à l'activité déployée par le personnel de contremaîtres venus d'Europe, grâce
surtout au concours précieux des ouvriers
créoles de la Réunion et de Maurice, qui
furent recrutés au nombre de plus de six
cents, les travaux de cette vaste entreprise
purent être effectués en deux ans et demi,
moyennant une dépense qui dépassa cinq
millions de francs.

Jusqu'à ce moment, l'administration prêta
son concours le plus dévoué. D'ailleurs, si c'est
à juste titre qu'on critique l'esprit étroit et
borné du commissariat colonial, il faut reconnaître que les services militaires sont généralement bienveillants pour les établissements

industriels qui se créent aux colonies. Dans la circonstance, le service de l'artillerie prêta un concours précieux au directeur de cette entreprise en louant son matériel ou effectuant dans ses ateliers, à titre de cession remboursable, les travaux qu'il aurait été impossible de confier aux ouvriers de l'industrie privée.

Dès que les usines furent en état de fonctionner, la fiscalité administrative se fit jour. Un impôt fut mis sur l'achat des bœufs, un autre sur l'abatage, un troisième sur le matériel naval de la Compagnie, un quatrième sur le territoire qu'elle occupait, etc. Nous parlons là d'impôts absolument nouveaux, qui n'existaient pas au moment où la Société avait décidé de se fixer à Diégo-Suarez, après avoir demandé par écrit à quels impôts son industrie serait soumise.

Aux réclamations de la Société, le Ministre des Colonies répondit que ces impôts n'existaient pas, il est vrai, au moment où le Gouverneur avait répondu au questionnaire qui lui avait été adressé, mais que celui-ci avait incontestablement le droit de les frapper à mesure qu'un établissement se créait.

7

Le Ministre corroborait cruellement l'appréciation de M. Le Myre de Vilers.

Nous devons ajouter qu'en raison du vague
du traité de protectorat de 1885, le Gouvernement hova exigeait que les bœufs se ren-
dant à Diégo-Suarez acquittassent les droits
de douane de sortie de l'île tout comme s'ils
étaient exportés.

Or, les droits de douane, qui sont de
10 pour 100 *ad valorem* pour tous les produits
à l'entrée et à la sortie, sont fixés à 15 francs
par bœuf dont la valeur est de 25 francs, soit
60 pour 100 *ad valorem*.

Le Gouverneur de la colonie n'avait pas
laissé ignorer au directeur de la Société que,
si Diégo-Suarez est port franc, à l'abri de
tout impôt, il y aurait lieu de payer la redevance hova de 15 francs par bœuf.

De telle sorte que les charges nouvelles
venant s'ajouter à l'impôt hova étaient
une véritable surcharge dont la Société
aurait été affranchie si elle avait eu le bon
esprit de se placer hors de la colonie française.

En raison de l'importance de l'impôt hova,
la Société trouva préférable de recourir à un

système d'abonnement ; elle traita avec le Gouvernement malgache moyennant une re- devance de 180.000 francs par an.

Cette industrie débutait donc sous la charge d'un impôt annuel représentant 250.000 francs. C'était peu encourageant pour une opération qui n'avait fait encore que des dépenses et qui allait un peu à tâtons dans une indus- trie qui n'avait jamais été exercée dans le pays.

Mais la dépense était faite ; il ne fallait pas songer à se déplacer, il était préférable de subir la loi de l'administration coloniale en essayant de tout surmonter par un travail opiniâtre.

A ces tracasseries fiscales s'en ajoutèrent bientôt d'autres d'un ordre plus délicat.

Les délégués du Ministre de la Guerre, pour la surveillance de la fabrication, dont le rôle, strictement limité par le cahier des charges, devait se borner à un examen minutieux des viandes et de la fabrication, ne surent pas se tenir dans les limites de leur rôle et émirent la singulière prétention de régler le mode de construction des usines ou abattoirs, de déterminer la disposition de

l'outillage, d'apprécier la nature des maté-
riaux à employer, etc.

Ces fonctions étaient confiées à un officier
du commissariat colonial, qui croyait en
toute conscience, avoir la haute main non-
seulement sur les constructions des usines,
mais encore sur le choix du personnel chargé
de la fabrication.

La direction locale, pour éviter des frois-
sements, eut le tort d'accepter, au début,
cette intervention.

Or, c'est des fonctionnaires en général
qu'on peut dire :

« Laissez-leur prendre un pied chez vous,
ils en auront bientôt pris quatre. »

Les rapports affluèrent au Ministère, décri-
vant et critiquant les moindres détails de la
construction. Un an avant qu'on ne tuât le
premier bœuf, le Ministre de la Guerre avait
reçu de son délégué un volume de rapports.
Chaque courrier en apportait un nouveau,
critiquant les travaux.

Il faudrait plusieurs mois de la vie du
Ministre de la Guerre, pour lire les critiques
sur la voie ferrée, les ponts, les quais
d'embarquement, les travaux de maçonnerie,

les proportions de chaux ou de ciment employés dans les mortiers (1), etc.

Rapports sans grande portée, si on veut, mais dont la lecture finirait par irriter l'homme le plus patient. A la seule vue de ces volumineuses critiques, le directeur des services administratifs doit forcément conclure que tout marche en dépit du bon sens dans l'usine de Diégo-Suarez.

Les directeurs de l'usine, au courant de cette situation, durent prier le délégué du Ministère, de vouloir bien borner son intervention aux vices de la fabrication sans se mêler des travaux étrangers. *Inde iræ*.

Le lendemain, une armée de fonctionnaires, sous le nom de Commission d'hygiène, envahissait le territoire de la Société, ordonnait la

(1) Nous devons déclarer que l'administration militaire, plus clairvoyante que son délégué n'a pas tenu grand compte de ces rapports alarmants.

Les inspecteurs des usines de Chicago, ne fournissent guère qu'un rapport par trimestre. Il est de quelques lignes et se borne à chanter les louanges de l'usine inspectée. Or, dans ces usines, on ne consacre aux conserves, que les bas morceaux, les morceaux de choix étant destinés à la boucherie.

L'Intendance connaît ce détail et, entre les rapports optimistes de l'inspection de Chicago et les critiques noires de l'inspection de Diégo-Suarez, elle n'a jamais hésité à se prononcer en faveur de l'usine de Madagascar.

transformation, non des échaudoirs de l'abattoir, qui étaient trouvés parfaits, mais de la
partie sur laquelle circulait la voie ferrée,
dont on désirait asseoir la plate-forme sur
un dallage au ciment, afin que si quelques
gouttes de sang venaient à tomber des quartiers de viande, transportés par les wagons,
le sol ne put les absorber, ce qui, à la longue,
aurait pu devenir dangereux pour la salubrité
publique. Enfin comme dernière exigence,
la Commission ordonnait qu'on pavât au
ciment le lit de la rivière, dans laquelle
s'écoulaient les eaux de lavage de l'abattoir.

C'était une dépense de plusieurs millions en
pure perte, les eaux de cette rivière n'ayant
jamais répandu la moindre odeur et les pluies
annuelles de l'hivernage amenant des inonda-
tions qui entraînent sables, rochers et auraient
certainement détruit les travaux de maçonnerie s'il avait été possible de les exécuter.

C'était donc la lutte ardente contre des
fonctionnaires dont les rapports finissaient
par lasser l'administration centrale (1). Telle
était la situation sur les lieux.

(1) Ce n'est que plus tard, dans le désarroi qui s'est produit
pour le rapatriement des convalescents de Madagascar, que le

Malheureusement la direction de l'affaire,
à Paris, était entre les mains d'administrateurs fort intelligents et fort zélés, mais
qui étaient absolument étrangers à cette
opération. Le choix des divers directeurs
envoyés dans la colonie, le prouve surabon-
damment. Ceux-ci furent pris parmi des
comptables ou des préposés aux fourrages
n'ayant jamais dirigé aucune usine. En moins
de trois ans, trois de ces directeurs furent

Ministre de la Guerre a fait l'aveu de son impuissance à surmonter les obstacles, que le commissariat colonial accumulait
sur ses pas, pour refuser de recevoir ses malades dans les
hôpitaux de la Réunion. Cette conduite des administrateurs
coloniaux a été flétrie éloquemment à la tribune de la
Chambre des Députés, dans la séance du 10 décembre 1895,
lors de la discussion du budget des colonies. M. Brunet,
député de la Réunion, a signalé ce scandale, dans un discours
que les journaux du lendemain ont reproduit sous le titre :
« *Un crime contre la patrie* ». Voici les termes dans lesquels
l'apostrophe de M. Brunet a été reproduite dans la presse :
    « Au cours de la discussion du budget des Colonies,
M. Brunet nous a révélé une des causes de la mortalité de
nos troupes du corps expéditionnaire de Madagascar :
    « Vous avez pu lire dans les journaux, a dit l'orateur, que
« l'île de la Réunion, pourtant si bien située pour hospitaliser
« les malades, avait émis des exigences telles qu'on avait
« préféré ramener en France, au prix des sacrifices que vous
« savez, les malades de la dernière campagne de Madagascar.
    « Au commencement de la campagne, sur huit cents malades
« hospitalisés à la Réunion, il en est mort onze, dont un de la

successivement nommés et remplacés à la
tête de l'affaire. Les remplaçants valaient
infiniment moins que leurs prédécesseurs
puisqu'ils n'avaient aucune notion de l'opération qu'ils allaient diriger. C'est à de tels
employés, quittant l'Europe pour la première
fois, qu'on sevrait de tous les agréments de
la vie d'une grande ville, que fut confié le soin
de diriger une série d'usines employant plusieurs milliers d'ouvriers de toutes les profes-

« tuberculose ; les autres sont retournés à Madagascar ou ont
« achevé leur convalescence à la Réunion.

« Pourquoi n'a-t-on pas continué à hospitaliser les malades
« à la Réunion ? Est-ce que ce sont les malades qui ont
« demandé à affronter cette traversée néfaste de la mer
« Rouge, où tant de morts ont trouvé là leur cimetière ?

« La vérité est que le climat de la Réunion est des plus
« sains. Il résulte des travaux de l'infanterie de marine que,
« sur mille soldats dans les colonies, dix-huit meurent à la
« Réunion, contre cent quarante dans les autres colonies.

« Mais le gouvernement du pays avait voulu faire une
« affaire commerciale. Il faudrait pourtant savoir si nous
« avons comme administrateurs du pays des marchands ou
« des représentants de la République.

« Or, quand on a voulu établir le prix de journée de malade
« à la Réunion, on a fixé ce prix dans le même hôpital à
« 3 fr. 40 pour les marins du commerce et à 9 fr. 30 pour
« nos soldats de Madagascar ; différence, 6 francs. »

« Ce crime, car c'est un crime dont la responsabilité
incombe au ministère précédent, ne peut se justifier par
aucune raison valable. Pauvres petits soldats ! »

sions. Le comble fut mis à ce désarroi par l'envoi d'un administrateur de cette Société. Ce préposé aux grains, jeune et plein d'ardeur, mais se croyant la science infuse, bouleversa tous les services avec la suffisance dont sont généralement doublés les incapables. Sa direction fut l'organisation du gaspillage et du désordre. Le prix de bétail, qui avait été de 0 fr. 085 le kilogramme, sous les directions précédentes, fut porté par lui à 0 fr. 12, représentant un accroissement annuel de dépense de plus d'un million de francs ; les sous-produits furent jetés ou enfouis ; les os furent entassés en une montagne, représentant une valeur perdue, de plus de 300.000 francs ; enfin, comme couronnement, ce singulier administrateur mit la fabrication entre les mains d'un directeur incapable, qui n'avait jamais *vu* une seule usine à conserves de viande.

C'était à un fabricant de conserves de sardines et de beurre, qu'on confiait la direction et la conduite d'une opération qui aurait nécessité la présence d'un ingénieur rompu à ce genre de fabrication, doublé d'excellents contremaîtres pour chaque partie.

Les protestations du créateur des usines furent inutiles, l'opinion de l'administrateur-délégué prévalut et la fabrication resta, jusqu'au dernier jour, entre les mains d'un personnel absolument incompétent.

Aussi comptait-on 30 pour 100 d'avaries sur les conserves fabriquées, et ces avaries atteignaient-elles 50 pour 100 au moment de la livraison à la Guerre, quand les conserves avaient deux mois de date. Plus on fabriquait, plus la perte était sensible. On la chiffrait par 5.000 francs par jour, quand on a abattu deux cents bœufs. Elle aurait été de dix mille si on avait abattu la quantité normale de trois cents bœufs par jour. Donc le motif ou plutôt les motifs, de l'insuccès de l'usine de Diégo-Suarez, sont faciles à déterminer; ils ne tiennent en rien, ni au climat, ni au manque de bétail ou de pâturages ou de main-d'œuvre, ni à la difficulté d'écouler les sous-produits. Cet insuccès est uniquement dû à l'incapacité du chef de fabrication et à l'incompétence complète de la direction, tant à Paris qu'à Madagascar.

Les erreurs de comptabilité de Paris, ont

coûté plus d'un million à cette affaire (1); le gaspillage des sous-produits a fait perdre plus de trois millions à Diégo-Suarez; la perte par les conserves avariées représente plus de deux millions. L'accroissement inexplicable du prix des bœufs, représente un autre million. Les impôts payés à l'Etat ou au Gouvernement malgache et dont l'opération aurait dû être exemptée, au moins au début, représentent un huitième million.

L'usine a dû fermer ses portes. Cette fermeture avait été prévue et pronostiquée par le créateur de l'affaire, qui l'avait annoncée un an à l'avance en précisant les motifs de cet insuccès.

Or, les administrateurs avaient trouvé bon de dénoncer un contrat passé, en juillet 1889, avec la maison Amieux, l'une des plus considérables et des plus honorables de France; aux termes de ce contrat, la maison Amieux

(1) Voici un double exemple de ces erreurs : on a oublié d'encaisser les différences de droits de douanes depuis 1892. Le Ministère redoit, de ce chef, 625.000 francs. On a soumissionné un marché de un million quatre cent mille boîtes, en oubliant de compter les droits de douane, qui se payaient encore en 1894; cette deuxième erreur a fait perdre 280.000 francs sur le prix convenu avec l'Intendance.

s'engageait à fabriquer, sous sa responsabilité,
tous les produits et sous-produits du bœuf,
moyennant 0 fr. 43 par boîte de conserves de
la Guerre et 10 pour 100 du prix des sous-
produits. A ce taux, la maison Amieux four-
nissait : fer blanc, main d'œuvre, soudure,
combustible, etc. La Société n'avait à payer
que les bœufs, les caisses d'emballage et le
fret.

Si les administrateurs de l'affaire, conscients
de leur incompétence, avaient eu la sagesse
de conserver ce contrat, l'opération se serait
traduite par un bénéfice de plus de dix millions.

La *Revue Générale des sciences* dans son
numéro du 15 août 1895, entièrement consa-
cré à Madagascar et contenant des renseignements fort intéressants, cite l'opération
entreprise à Diégo-Suarez et s'exprime en
ces termes :

« Il est bon d'indiquer les raisons qui
semblent avoir empêché la réussite de cette
entreprise : munie du matériel le plus com-
plet, même d'une tannerie électrique, son
installation avait coûté huit millions ; de plus,
un des directeurs ayant fait, au début de la

saison sèche, un achat trop considérable de bœufs, environ six mille cinq cents, l'herbe manqua à ces bêtes qui perdirent de leur embonpoint et firent baisser le rendement et la qualité des produits. En même temps, l'on se montrait trop rigoureux au Ministère de la Guerre, et les conserves étaient refusées.

« Enfin, un dernier coup fut porté à cette industrie par l'application des droits de douane. Bien que Diégo-Suarez soit une colonie française, l'administration imposa les conserves à leur entrée en France, à raison de 20 francs les 100 kilogrammes, sous le prétexte un peu subtil que la colonie ne produisait pas assez de bœufs pour alimenter la fabrication, et que par suite, on tuait des animaux, provenant de pays de protectorat ».

Autant d'assertions, autant d'erreurs, M. Caustier, agrégé de l'Université, auteur de cet article, dont tout le reste est remarquablement exact, a été la victime d'un ignorant. Nous allons le lui prouver texte en mains.

Le maximum de bétail ayant existé sur la concession avant le commencement de l'abatage, n'a jamais atteint deux mille têtes. Les

pâturages qui couvrent 5.000 hectares, permettent de nourrir facilement trois fois plus
d'animaux en toute saison. La direction, soucieuse de l'avenir, avait soin de couper de
l'herbe pendant la belle saison et de constituer de vastes approvisionnements en prévi-
sion de la sécheresse. Les animaux n'ont pas
eu à souffrir du manque de nourriture, au
point de donner lieu à un refus des produits.

Les prétendues rigueurs du Ministère de la
Guerre se sont surtout traduites par la plus
grande bienveillance, malgré l'irritation pro-
duite par les rapports de ses délégués. Jamais
une seule boîte de conserves n'a été refusée.
On a même admis celles dont le bouillon
était fabriqué en contradiction avec les pres-
criptions formelles du cahier des charges.

Le Ministère de la Guerre, qui a trouvé
une économie de plus de trois millions sur
le marché des conserves de Madagascar a
donné toutes les facilités demandées et a
admis toutes les conserves présentées, même
des conserves américaines, en boîtes non
réglementaires, pour remplacer les boîtes
qu'on ne pouvait livrer de Madagascar. Il
serait injuste de faire remonter au Département

de la Guerre la responsabilité d'un insuccès qu'il a tout fait pour éviter.

Il est bon de mettre en garde les industriels qui voudront se fixer à Madagascar contre les difficultés qu'ils rencontreront, il serait déloyal de ne pas reconnaître et signaler l'appui qu'ils pourront trouver auprès de certaines administrations publiques.

Quant à la question de douane, l'auteur des renseignements fournis à M. Caustier, prouve qu'il ignore le premier mot de toute cette affaire (1). Aux termes du cahier des charges qui a régi l'adjudication du 6 juin 1889, s'il survient un changement dans les droits de douane, pendant la durée du marché, le Ministre de la Guerre aura à en verser le montant s'il s'agit d'une augmentation, comme

---

(1) D'après la brochure, M. Caustier tiendrait ses renseignements de l'un des directeurs de l'usine. Celui-ci n'a probablement jamais lu le cahier des charges, régissant le marché dont il dirigeait l'exécution. Cela n'a rien de surprenant puisque, ainsi que nous l'avons dit ci-dessus, pas un seul des administrateurs ou employés de la Société, n'avait songé à réclamer la restitution des droits de douane. Cela prouve, en outre, qu'au mois d'août 1895, ce singulier directeur ignorait encore que les conserves de Diégo, étaient exemptes des droits de douane existants, en vertu d'un décret datant des premiers jours de l'année.

il les retiendra sur les mandats s'il y a dimi-
nution.

C'est donc le Ministère qui supportait seul
l'augmentation de droits de douane et, quand
l'usine a fermé ses portes, il restait encore à
livrer plus de six millions de boîtes qui
n'avaient rien à redouter des changements
de tarifs.

Nous devons ajouter que ce droit avait été
établi par la loi de douane, de 1892, sans la
considération fantaisiste, donnée par M. Caustier, que Diégo-Suarez était frappé, parce
qu'il prenait ses bœufs en pays de protectorat.
Ce droit résultait de la loi générale qui avait
oublié de comprendre Diégo-Suarez, parmi
les pays profitant de l'exemption.

Nous ajouterons que si le tarif est de
20 francs pour les conserves étrangères, on
avait appliqué à Diégo-Suarez, le tarif de
faveur de 15 francs ; lesquels 15 francs étaient
à la charge exclusive du Ministre de la Guerre
ainsi que nous l'avons expliqué. Nous ferons
observer enfin que, le 15 août 1895, jour de
la publication de l'article de M. Caustier, il y
avait plus de six mois que les conserves de
Diégo-Suarez avaient été l'objet d'un décret

qui les exempte pour l'avenir de tous droits de douane.

Ce ne peut donc être ce motif fiscal invoqué comme « *un dernier coup porté à l'industrie des conserves* » qui a motivé la fermeture de l'usine. Nous le répétons, il faut chercher ce motif dans l'incapacité reconnue et avérée du directeur-administrateur qui en a fermé les portes.

Il est bon d'indiquer ici, que le Ministère de la Guerre, qui a dû céder aux exigences des maisons américaines et payer leurs conserves 15 pour 100 plus cher qu'il ne payait les mêmes produits de Madagascar, accueillera avec bienveillance les offres des industriels qui se fixeront dans notre possession orientale. Pour en finir, avec l'article de M. Caustier, nous devons ajouter que l'usine de Diégo, ne possède pas de tannerie, même électrique; tout le matériel de cette industrie a été envoyé à grands frais il est vrai; il a été dépensé plus de 300.000 francs pour se procurer l'outillage, les extraits tanniques et acquérir les brevets d'un système perfectionné; le bâtiment de cette importante dépendance était en voie de construction en décembre 1892 et il aurait pu être terminé et fonctionner en mars 1893 ; mais le préposé aux fourrages à qui échut la direction de cette affaire préféra démonter ce bâtiment pour en faire un magasin général.

Il n'existe donc à Diégo-Suarez que l'usine principale, non encore complètement outillée pour tous les sous-produits et il y a, gisant à droite et à gauche, des outillages divers, dont les directeurs successifs n'ont jamais soupçonné ni l'usage, ni la destination.

L'usine de Diégo-Suarez, a été établie pour traiter trois cents bœufs par jour. Pour donner une idée au lecteur de ce qu'est une usine de cette nature, nous allons lui décrire celle-ci en détail.

Les abattoirs, composés de vingt échaudoirs mesurant 5 mètres sur 5 mètres soit 25 mètres carrés chacun, permettent de dépouiller et dépecer cinq bœufs à la fois. Les bœufs sont lancés et énervés dans deux couloirs spéciaux et amenés alternativement à un échaudoir de gauche ou de droite, toutes les minutes à l'aide de wagons d'abatage. Toutes les vingt minutes, le même échaudoir reçoit un nouveau bœuf. Toutes les deux heures,

chaque échaudoir a reçu, saigné, dépouillé
et fendu cinq bœufs, qui sont enlevés par les
wagons à viande et transportés à l'usine. En
six heures, l'abatage fournit trois cents bœufs.
A l'abattoir se trouve adjoint un fondoir
de suif de la maison Egrot.

L'usine principale mesure 7.000 mètres
carrés avec un sous-sol de 3.000 mètres
carrés.

L'aile de droite comprend : 1° une anti-
chambre où est logée une machine Hall
fournissant 70.000 pieds cubes par heure
d'air à 70° au-dessous de zéro ; cette anti-
chambre mesure 10 mètres sur 20 mètres ;
2° la salle réfrigérante, mesurant 20 mètres
sur 25 mètres soit 500 mètres carrés, capa-
ble de contenir cinq cents bœufs fendus
en deux ; la température de cette chambre,
munie d'un couloir circulaire d'isolement,
peut être amené à — 15° ; au-dessus de la
chambre réfrigérante, munie d'un double
plafond, se trouve le dépôt des boîtes vides
mesurant 1.800 mètres cubes et pouvant
contenir un million cinq cent mille boîtes
vides d'un kilogramme ; 3° la ferblanterie,
mesurant 20 mètres sur 30 mètres soit

600 mètres carrés, contenant les machines à équarrir, découper, estamper, rabattre, agrafer, les plaques à souder, les bancs des soudeurs, etc. Cette salle peut contenir deux cent cinquante ferblantiers ; 4° la salle des carburateurs Monier, au nombre de douze, fournissant, par la carburation de l'air, le gaz nécessaire pour chauffer vingt plaques ; trois cents fers et éclairer l'usine ; au-dessus se trouve une chambre mesurant 10 mètres sur 20 mètres soit 200 mètres carrés et 1.000 mètres cubes contenant les boîtes vides pour les sous-produits.

Dans la ferblanterie, se trouvent des ventilateurs fournissant l'air nécessaire pour faire chalumeau sous les plaques et dans les fers à souder.

Le centre de l'usine comprend :

1° Une chambre de chauffe séparée du reste de l'usine par un mur en maçonnerie, éclairée et aérée par quatre grandes fenêtres, desservie par trois portes-cochères, mesurant 10 mètres sur 60 mètres soit 600 mètres carrés, elle loge : dix grands générateurs perfectionnés de cinquante chevaux de la maison Fouché, de Paris ; un grand collecteur recevant la vapeur de dix générateurs; un petit générateur vertical de vingt chevaux indépendant; deux petits chevaux et deux Giffard pour alimenter les générateurs;

2° Une salle de 80 mètres sur 40 mètres, soit 3.200 mètres carrés, contenant : A, parallèlement aux générateurs, douze chaudrons de blanchiment des viandes de 2.100 litres chacun, chauffant à la vapeur, avec tuyautage d'eau filtrée, de vapeur, d'eau de condensation, etc., pour chaque chaudron; B, quatre chaudrons autoclaves verticaux pour la dégélatinisation des os, le tout avec passerelle en fer strié, palans différentiels et de roulement, bassines d'eau chaude pour les lavages, robinets d'eau fraîche, etc.; C, dix chaudrons autoclaves de 2.100 litres, avec chemin de fer et paniers de roulement contenant chacun six cents boîtes d'un kilogramme, les dits autoclaves verticaux pour ébullition des boîtes, avec réservoirs superposés, recevant l'eau chaude à chaque fin d'opération et la restituant à chaque reprise; D, tables de découpage des viandes, de pesage, d'emboîtage, de jutage, de fermeture et de soudure des boîtes pleines; E, un appareil pour éprouver les boîtes vides à l'air comprimé, provenant des cirages français ; F, huit bers à vapeur pour éprouver les boîtes pleines et rechercher les fuites ; G, concasseur à os, scie circulaire et à ruban pour couper les os ; H, machine de cinquante chevaux, actionnant tout le matériel, arbres de couche, poulies et transmissions, de la maison Auber, de Paris ; I, monte-jus pour envoyer le bouillon aux évaporateurs.

3º Une salle d'évaporation, mesurant 10 mètres sur 40 mètres, soit 400 mètres carrés, contenant les évaporateurs lenticulaires, de la maison Chenailler, chauffés à la vapeur, des chaudrons d'évaporateurs à air libre, en cuivre ; un évaporateur dans le vide, appareils pouvant évaporer 3.000 litres de bouillon par heure.

L'aile gauche comprend : 1º l'atelier de réparation, mesurant 20 mètres sur 20 mètres, soit 400 mètres carrés, comprenant huit forges, tours de mécaniciens, perceuses, poinçonneuses, raboteuses, une machine de vingt chevaux indépendante et actionnant tout l'outillage de l'atelier, arbres, poulies, transmissions, etc.; 2º les autoclaves décrits à

l'article ci-dessus; 3° une chambre des boîtes du jour, mesurant 20 mètres sur 30 mètres, soit 600 mètres carrés.

Dans le sous-sol, divisé en compartiments de $5^m \times 10^m = 50^{m^2} \times 3.00 = 150^{m^3}$ sont logés : 1° les ateliers de montage des caisses pour boîtes; 2° la tonnellerie pour le montage des barriques pour le suif et des barils pour les salaisons; 3° l'outillage de rechange; 4° les pointes, vis, fers blancs et approvisionnements de ferblanterie; ces divers ateliers ou dépôts prennent vingt compartiments sur cinquante-cinq que possède l'usine, laissant trente-cinq compartiments vides pour le travail de la charcuterie, des salaisons et des viandes congelées.

Un grand magasin, récemment construit dans le voisinage et sans utilité présente, pourrait permettre de porter à quarante-cinq le nombre des compartiments disponibles.

Cette usine employait de deux mille à trois mille travailleurs.

Elle n'est pas complètement terminée, une vérandah de 5 mètres sur sa grande face, de 100 mètres de long, avec étage au niveau du sol de l'usine ~~doit~~ être établie pour

faciliter les travaux d'emballage, de chargement des wagons, etc.

L'outillage de cette usine est des plus
perfectionnés. Les contremaîtres américains
venus de Chicago pour conduire la fabrication
et qui ne sont malheureusement restés qu'un
mois à Diégo, l'ont trouvé supérieur.

Les spécialistes qui ont eu à s'occuper de
cette usine depuis qu'elle est en vente ont
estimé, d'après examen des boîtes, des plans
et devis de l'outillage, que l'œuvre avait été
bien conçue et bien conduite comme installation.

Le dernier directeur qui a séjourné à
Diégo est amené à reconnaître la supériorité
du choix et du montage de cet important
outillage, en déclarant que c'est une affaire
industrielle de premier ordre, qui sera remise
en activité après l'expédition.

Nous nous sommes longuement étendu sur
cette entreprise spéciale, la seule qui ait
encore été tentée à Madagascar, pour permettre à nos lecteurs d'apprécier ce que doit
être l'industrie que nous préconisons et le
rôle important qu'elle est appelée à jouer
dans la colonisation de l'île.

Nous devons ajouter que la Colonie française de Nossi-Bé ne demande pas mieux que d'encourager la création sur son territoire d'une usine analogue à celle qui existe à Diégo-Suarez. L'administration locale a signé un contrat accordant des remises d'impôts assez considérables et des avantages sérieux à la Compagnie qui portera dans cette île une industrie de viande et de conserves. Non seulement cette usine échappera à tous nouveaux impôts, mais encore elle bénéficiera de certains monopoles qui doivent assurer sa prospérité.

Les industriels qui se fixeront à Nossi-Bé sont certains d'éviter les déboires fiscaux qui ont atteint leurs prédécesseurs à Diégo-Suarez.

Nous ne croyons pas devoir terminer ce chapitre sans indiquer les points sur lesquels il nous paraît possible et avantageux d'établir tout de suite des usines pour le traitement des viandes de bœuf.

Nous mettrons en première ligne Nossi-Bé, dont les produits sont exempts de droits de douane à leur entrée en France.

Nous indiquerons ensuite : Mouratsange, Majunga, Marondava, Saint-Augustin.

Tous ces points sont situés sur la côte, ce qui est indispensable pour faciliter les embarquements et débarquements de matériel et matières premières.

Ils ont été choisis sur la côte occidentale, moins saine, mais plus abritée que la côte orientale, parce qu'il faut tenir compte de la sécurité maritime dans une opération qui doit se préoccuper des transports par mer.

D'autre part, les pâturages s'étendent surtout sur la côte Ouest, la ligne de partage des eaux longeant la côte orientale. Aussi les troupeaux sont-ils beaucoup plus nombreux chez les colons habitant ces plaines que dans les autres tribus. Enfin, le sol y est moins tourmenté et se prête mieux aux améliorations de pâturages et de races que l'on voudra tenter.

CHAPITRE VIII

GRANDS TRAVAUX IMMÉDIATEMENT INDISPENSABLES. —
CHEMINS DE FER. — BASSIN. — CALE DE HALAGE.
— CALE SÈCHE. — ATELIERS DE CONSTRUCTION. —
PORTS. — QUAIS. — PHARES. — BALISAGE. —
MAGASINS GÉNÉRAUX.

La première des conditions à remplir pour développer le commerce d'un pays, c'est d'ouvrir des routes et de permettre la circulation des produits au meilleur compte possible.

Or, le moyen le plus rapide, le plus commode et, nous dirons le plus économique, de mettre deux points en rapport, c'est de créer une voie ferrée.

Tout autre mode de transport que la vapeur est absolument condamné.

Supposez une route carrossable reliant Majunga ou Tamatave à Tananarive, mettez sur cette route une série de charrettes traînées soit par des bœufs, soit par des mulets, prenez la dépense occasionnée par cet équipage pendant le voyage et voyez à quel prix reviendrait la tonne kilométrique de transport. Vous arriverez à un prix qui se rapprochera de celui que l'on paye aujourd'hui aux porteurs malgaches : 1 franc la tonne kilométrique.

Les transports reviennent à 350 francs la tonne de Tamatave à Tananarive, pour 300 kilomètres. Ils seraient réduits peut-être à 250 francs, ce serait tout. Le voyage dure un mois ; il durerait quinze jours exposé aux intempéries, bourrasques, accidents et incidents qui marquent de tels voyages.

Or, nous n'avons pas de routes carrossables ; la seule route créée pour les besoins de l'expédition peut n'être pas praticable sur tout son parcours ; elle s'arrête d'ailleurs à Andriba ; il faudrait enfin la terminer et l'entretenir.

Nous ne voyons pas là une solution immédiate de la question des routes. Il faut forcément obtenir des transports rapides et à bon marché, si on veut que les produits d'exportation puissent être dirigés sur les côtes.

Supposons la France sans routes, avec des sentiers peu praticables reliant entr'eux les grands centres, mais nécessitant un mois pour se rendre de Marseille à Lyon et tout autant pour se rendre de Lyon à Paris. Combien y aurait-il de voyageurs tentant un pareil voyage? Quels sont les produits qu'il serait possible de transporter à dos d'hommes entre ces trois villes?

C'est le cas de Madagascar.

Il y a, dans le centre de l'île, une peuplade intelligente et industrieuse : le hova; il y a sur les côtes des indigènes nombreux disposés à louer leurs forces. Il est indispensable de mettre ces éléments en contact si on veut tirer parti des richesses locales.

Les rapports ne peuvent s'établir qu'en créant des voies de communications permettant des relations fréquentes de tribu à tribu pour les relations commerciales.

En échange de nos produits européens, dont le hova commence à sentir le besoin, celui-ci peut nous donner les produits de son sol et de son industrie, mais il faut permettre les échanges en en facilitant le transport.

Un chemin de fer de Tananarive à la côte s'impose donc. (1)

_____

(1) Le Gouvernement, nous a dit M. Guieysse, ministre des colonies, a déjà reçu des offres, quand les acceptera-t-il ?

Nous allons prouver que sa construction serait plus productive qu'onéreuse pour le Gouvernement de Madagascar.

Le commerce d'échange entre la côte et Tananarive est effectué par des porteurs, appelés bourjanes, existant au nombre de cinquante mille environ.

Un porteur transporte de 35 à 50 kilogrammes, suivant le genre de marchandise. Il effectue le voyage en trente jours, fournissant ainsi une marche de 12 kilomètres par jour, interrompue par certains repos.

Le prix du transport n'est pas fixé d'après le poids ou l'encombrement des colis à transporter; il est uniformément de 15 à 20 francs, selon l'abondance ou la pénurie sur place des porteurs.

Nous avons compté le nombre de porteurs ainsi rencontrés sur la route, tant à la montée qu'à la descente, pendant notre voyage à Tananarive. La moyenne a été de quatre cents porteurs par jour dans chaque sens. En attribuant à chaque porteur un poids moyen de 40 kilogrammes, nous trouvons un transport journalier de 16 tonnes à la montée et à la descente.

Le prix moyen du transport d'un kilogramme de marchandise entre Tananarive et Tamatave est de 0 fr. 35. Il n'y a donc que les produits pouvant supporter ces frais qui soient transportables. Le riz et une foule de plantes vivrières, abondantes à Tananarive, ainsi que les fruits, œufs, volailles, etc., ne peuvent que se consommer sur place, quoique le prix en soit trois fois plus élevé à Tamatave qu'à Tananarive.

De même certaines marchandises du dehors, telles que la quincaillerie grossière, les pointes, vis, etc.; le sel, le combustible, qui font défaut à Tananarive, ne peuvent supporter les frais de transport et leur consommation en est réduite au strict nécessaire.

Un chemin de fer à tarifs gradués, selon la valeur et la quantité des produits à transporter, abaissant à 10 centimes les frais de transport d'un kilogramme de riz et à 0 fr. 20 les transports des fruits ou volailles, ajoutant la célérité à la réduction de prix, décuplerait, dès la première année, le mouvement commercial.

Les droits de douane perçus tant à l'entrée qu'à la sortie des marchandises, et fixés à 10 pour 100 *ad valorem*, donneraient un surcroît de revenu permettant de garantir à la Compagnie des chemins de fer un intérêt de 4 pour 100.

Mais ce chemin de fer lui-même, dont l'établissement est évalué à soixante millions, *grosso modo*, dépenserait sur place plus de trente millions en salaires, achats de traverses, de chaux, etc. Ce serait autant mis en circulation. L'exploitation donnerait lieu à une dépense annuelle de plusieurs millions. En raison de la mise en circulation des piastres que nous avons expliquée en notre premier chapitre, le Gouvernement français trouverait là un bénéfice de dix-huit millions et un rendement annuel de plusieurs millions suffisants pour payer l'intérêt du capital engagé si la Compagnie avait à le réclamer, ce qui n'est guère probable.

Nous devons ajouter que le chemin de fer de Tananarive à la côte, le premier qui s'impose, serait insuffisant s'il n'était aussitôt doublé d'un chemin de fer au pays des Betsiléos, reliant Tananarive à Fienarantsoa. De Fienarantsoa, il faudrait établir une troisième ligne conduisant à la côte orientale.

Ce réseau pourrait alors suffire pendant de longues années.

L'Etat doit-il et peut-il effectuer lui-même cet important travail ? Nous ne le croyons pas. L'exemple des chemins de fer construits par le Gouvernement dans nos colonies nous a donné la mesure de ce que nous pouvons attendre de nos administrations coloniales. Nous ne saurions oublier que, sur un devis de treize millions prévus pour le chemin de fer de Dakar à Saint-Louis, nous avons dépensé plus de quarante millions.

Il faut donc recourir à l'industrie privée en donnant une garantie d'intérêts qu'il est équitable de mettre à la charge de la colonie. Celle-ci trouvera un tel bénéfice à la création des chemins de fer que cette garantie ne représente pas une charge pour son budget.

Parmi les travaux immédiatement indispensables, nous citerons encore un bassin de radoub, une cale sèche, une cale de halage. La France ne possède aucun bassin dans l'Océan Indien. Elle est tributaire de la colonie anglaise de Maurice pour tous les travaux de réparation ou d'entretien de ses navires. En cas de guerre maritime, elle ne trouverait pas un port où réparer ses avaries. C'est sur la côte occidentale de Madagascar qu'on doit créer ce bassin. Nous disons sur la côte occidentale parce que celle-ci est abritée et possède des ports sûrs et nombreux. La côte orientale est difficilement accessible; par les vents de la mousson il se produit un courant de plus de six nœuds, portant au nord, et les petits steamers ont de la peine à doubler le cap d'Ambre.

En cas d'avarie de machine, si le navire ne peut marcher qu'à petite vitesse ou doit être remorqué, la côte orientale est inaccessible. Aussi MM. les ingénieurs du service hydrographique ont-ils désigné les ports de la côte occidentale pour la construction d'un bassin.

Il faut ajouter à cela une cale de halage, permettant de visiter et réparer les bateaux caboteurs qui sont déjà nombreux et dont le nombre croîtra encore avec le développement commercial du pays.

Ces travaux maritimes pourraient être encouragés et soutenus par une double prime. Prime du Gouvernement local, correspondant à la dépense effectuée et au bénéfice que procurera cette dépense par la circulation des piastres; prime du Ministère de la Marine, correspondant à l'importance du service rendu à notre flotte par une telle création.

La dépense de ces constructions a été évaluée à vingt millions. La garantie d'intérèt devrait être de 800.000 francs; si la Marine allouait 200.000 francs, il resterait 600.000 francs à la charge du Gouvernement local. Ces 600.000 francs annuels seraient largement récupérés par le bénéfice sur les sommes dépensées dans la construction et sur les frais annuels d'entretien et de réparation des navires.

Nous n'avons tenu compte d'aucune recette pour le bassin, estimant que c'est là une œuvre d'utilité générale qui doit se borner à demandr aux armateurs le simple remboursement de ses débours, l'Etat garantissant l'intérêt du capital engagé.

Le port dans lequel seraient placés le bassin et la cale devrait avoir des ateliers de réparation et même de construction. Les créoles de la Réunion fourniraient là une main-d'œuvre précieuse. Les mécaniciens habiles y sont nombreux, les forgerons y abondent; tous les corps de métier trouveraient là des travailleurs acclimatés et assez dociles.

Les divers ports de Madagascar sont à outiller; il n'en est pas un seul qui possède un quai, un warf, un phare, des balises, des pilotes. Tous ces travaux sont à effectuer, ces services à créer. Les navires supporteront volontiers les taxes qui en résulteront, du moment que ces travaux assureront la sécurité de la navigation et la rapidité des mouvements d'embarquement et débarquement.

Le Gouvernement de Madagascar pourrait demander ces entreprises à l'industrie privée, qui ferait l'avance des capitaux, moyennant certaines concessions ou une garantie d'intérêts. Il faut tenir compte que toutes ces dépenses tournant au profit du Gouvernement local, celui-ci a tout avantage à les encourager. Plus tard, le rendement de ces travaux en couvrira largement les dépenses.

Enfin, il est indispensable de construire, dans les ports principaux, de vastes magasins généraux pouvant servir d'entrepôt de douane et de dépôt de marchandises.

Les droits de douane étant de 10 pour 100 *ad valorem*, il serait excessif d'exiger le paiement de ces droits au moment même où la marchandise débarque dans la colonie ; la création d'un entrepôt de douane s'impose pour permettre au commerce de n'acquitter les droits qu'au fur et à mesure de la consommation.

Quant au dépôt de marchandises, il est encore plus indispensable, surtout si le régime des impôts en nature est maintenu tel qu'il existe et si l'administration veut le régulariser.

Il est à remarquer, en outre, que le malgache est un être insouciant et imprévoyant qu'il faut prémunir contre ses propres défauts. Au moment de la récolte du riz, il vendra facilement toute sa provision sans se préoccuper de l'avenir ; puis, quand la disette se fera sentir, il ira au magasin voisin acheter fort cher, au jour le jour, ce qu'il a vendu à vil prix et en bloc quelques mois auparavant.

Les indiens, qui sont les juifs de Madagascar, connaissent bien ce défaut qu'ils encouragent et dont ils tirent parti. Ils achètent, au moment de la récolte, le riz en paille au prix de 85 francs la tonne, six mois plus tard, ils le revendent 150 francs. En fin de saison, ils en élèvent le prix à 200 et parfois 250 francs.

Un magasin général, géré par une société honnête sous le contrôle du Gouvernement, pourrait mettre un terme à cette odieuse exploitation en régularisant le cours de cette denrée de première nécessité.

Ce magasin général permettrait encore de waranter les marchandises et de trouver des crédits en banque, ce qui doit puissamment aider le commerce dans les heures de crise.

Pour permettre la centralisation des produits et pour faciliter les transports par voie fluviale, il serait bon de tracer un canal à travers les digues de sable qui séparent entr'eux les marais de la côte orientale, de manière à créer une navigation intérieure.

Sur cette côte, que la mousson balaie pendant huit mois, il n'existe que des rades peu sûres. La navigation y est pénible et périlleuse. Le cabotage exige des taux de fret fort élevés pour des transports qui n'offrent aucune sécurité ni aucune garantie de délai.

Une navigation intérieure, avec chalands et remorqueurs, rendrait de réels services. La percée des sables qui séparent les marais successifs qui s'étendent le long de cette côte ne serait pas très coûteuse et cette navigation pourrait suppléer au manque de voie ferrée.

Les fonds engagés dans cette opération produiraient certainement de gros dividendes.

Nous avons cité là les travaux publics qui nous paraissent immédiatement réalisables, s'ils étaient effectués, ils jetteraient dans le pays plusieurs centaines de millions et mettraient en mouvement constant des capitaux considérables, ce qu'il faut tâcher d'obtenir pour donner une valeur réelle à la monnaie qu'on se décidera probablement à créer à Madagascar.

CHAPITRE IX

L'agriculture n'existe pas à Madagascar ;
on ne peut comprendre sous ce titre les
timides tentatives qui ont été faites et qui
ne pouvaient donnner aucun résultat probant.
La première des conditions indispensables
pour asseoir des opérations agricoles, c'est
d'avoir la libre disposition du sol.

On ne plante pas sur un terrain dont on
n'a la jouissance qu'à titre précaire, fût-ce
par un bail emphytéotique de quatre-vingt-
dix-neuf ans. Le Gouvernement hova a trop
régi Madagascar selon son bon plaisir pour
donner la moindre foi en ses contrats et en
sa législation.

Radama II avait accordé aux européens le
droit de posséder le sol ; ses successeurs le
leur ont retiré ; ils ont il est vrai, consenti

des baux à long terme que leurs successeur auraient pu résilier d'un trait de plume.

Donc Madagascar n'a pu donner lieu à des exploitations agricoles importantes et les colons ont dû se borner à tirer parti des richesses agricoles naturelles.

Ces richesses sont nombreuses : à côté de la liane à caoutchouc, nous pouvons citer le ravenale, le rafia, les bois d'ébénisterie, les essences précieuses, le cocotier, le vacoa et certains arbres fournissant la nourriture des vers à soie. Ces divers produits donnent lieu à une exploitation des plus fructueuses, mais elle est faite sans règle, sans art, sans aucune méthode. On n'exploite que ce que le sol a produit naturellement, sans songer à multiplier ou à améliorer les sources de production.

Le jour où une administration soucieuse des intérêts des travailleurs indigènes aura non seulement réglé l'exploitation des produits existants, mais ordonné la plantation et la reconstitution de ces produits, on aura assuré le bien-être des malgaches en réglementant l'usage qu'ils doivent faire des richesses du sol.

Nous ne savons ce que peut représenter le

commerce qui se fait actuellement sur le caoutchouc, le rafia, le coprah, les nattes, etc. Mais, ayant parcouru le pays, nous savons combien le sol s'est montré prodigue de ces richesses dont l'indigène ne tire parti que lorsqu'il est poussé au travail par un besoin quelconque.

Le jour où l'administration vigilante dont nous parlons plus haut réglementera l'exploitation de ces produits, ils représenteront une fortune considérable permettant une exportation annuelle d'une valeur de plusieurs millions.

Nous ne saurions chiffrer ce que pourrait donner de revenus la plantation bien aménagée de ces produits par un agriculteur voulant exploiter un domaine local. Nous croyons que, du moment qu'on voudra se livrer à l'exploitation agricole il sera préférable de rechercher parmi les riches produits coloniaux ceux qui conviennent à ces contrées et importer même d'Europe les cultures que permettra un climat des plus variés.

Il faut noter que Madagascar s'étend sur une latitude qui va du douzième au vingt-sixième degré, soit 14° en latitude, alors que la France n'a qu'un peu plus de la moitié de cette étendue. Or c'est la latitude qui règle les climats et si nous tenons compte de la différence de température entre l'hémisphère nord et l'hémisphère sud, nous pourrons comparer Madagascar à un territoire qui irait d'Alger à Paris.

La mousson, qui souffle du Sud-Est, pendant la majeure partie de l'année, pousse sur Madagascar des vents qui proviennent de la banquise entourant le pôle Sud et qui abaissent sensiblement la température.

C'est ainsi qu'à Diégo-Suarez, au point extrême de la colonie le plus rapproché de l'équateur, par 12°, la température la plus élevée de l'année ne dépasse pas 35° à l'ombre, tandis qu'au Sénégal, par 16° de latitude Nord, elle atteint 42 et 45°. Donc la température moyenne est sensiblement plus basse dans l'hémisphère Sud que dans l'hémisphère Nord.

Par son étendue, par ses vastes plaines situées à toutes les altitudes, Madagascar peut être soumis à tous les genres de cultures coloniales et européennes.

Cependant, il ne faut pas perdre de vue

que le manque de routes va forcer les colons pendant de longues années à s'établir à proximité des côtes ou d'un fleuve navigable pour assurer l'écoulement des produits.

Or, les côtes sont généralement malsaines et c'est dans l'intérieur seulement que le cultivateur trouvera un climat salubre permettant les travaux du sol. Il est donc indispensable que l'administration se préoccupe de créer des routes donnant accès à la côte ou sur les cours d'eau navigables. Nous traiterons cette question en parlant des impôts existants, en notre chapitre XIII.

Remarquons, en passant, que Mayotte, la Réunion et Maurice (cette dernière surtout) sont des colonies agricoles. La canne à sucre, le cacao, la vanille, le café y ont été tour à tour l'objet de cultures importantes. Madagascar offre une similitude de climats, avec un territoire immense, des terres vierges, des engrais abondants et à vil prix.

Pourquoi les exploitations qui ont si bien réussi sur les terres voisines ne donneraient-elles pas un même succès à Madagascar ?

Pourquoi ne tenterait-on pas l'acclimatation des produits européens ? Nous avons

l'exemple de ce qui a été obtenu aux Etats-
Unis pour le blé et le maïs. Pourquoi Madagascar ne donnerait-il pas des résultats analogues? Nous avons tenté quelques modestes
essais en introduisant des arbres fruitiers
européens. Ils sont généralement bien venus.
La vigne, surtout, a pris un développement
remarquable rappelant ce qui s'est produit
en Algérie.

Or, nous ne sommes rien moins que cultivateur et nous avons été fort mal secondé
dans nos essais.

Ce qu'il faut surtout que l'administration
envisage, c'est l'avantage énorme qu'elle
retirera de la transformation des produits
agricoles en argent monnayé.

Si la Réunion, mesurant 200.000 hectares,
a une exportation annuelle de 16.000.000 de
francs, que pourra être l'exportation de
Madagascar, quand cette colonie sera livrée
à l'agriculture? La production annuelle du
riz dépasse 20.000 tonnes, bien qu'on ne
puisse exporter que celui qui pousse dans
les environs des côtes. Si des voies de
communication étaient créées, Madagascar
pourrait faire concurrence à l'Inde.

Le manioc qui produit jusqu'à 50 tonnes à l'hectare, trouve, à Madagascar, un sol singulièrement propice. Déjà, la Réunion produit un tapioca fort apprécié, il est probable que le manioc de Madagascar donnera les mêmes résultats et que nous pourrons arriver à soutenir contre le Brésil une lutte avantageuse.

Plus le commerce d'exportation de Madagascar se développera, plus augmentera la richesse locale et, surtout, la circulation monétaire dont nous avons démontré les avantages pour le Gouvernement.

La première facilité à donner à l'agriculture, c'est l'accès des côtes. A ce point de vue, le chemin de fer rendrait d'importants services, et il n'est point douteux que, le long de la voie, ne viennent s'établir des cultivateurs dont les produits seront un nouvel aliment de trafic.

CHAPITRE X

La législation hova interdisait, sous peine de mort, la recherche et l'exploitation des mines. Nous serions donc assez peu fixés sur la valeur minière de Madagascar si des hommes d'une valeur incontestable et d'une intrépidité à laquelle chacun est heureux de rendre justice n'avaient, à force d'opiniâtreté, eu raison du Gouvernement malgache.

Nous n'envisagerons que deux genres de mines : les mines d'or et celles de houille. Nous nous bornerons à citer les autres, telles que fer, antimoine, cuivre, étain et nickel, dont l'existence est plus problématique, ou dont la puissance n'est pas encore démontrée.

Nous citerons un gisement de cristal de roche fort beau, reconnu au Nord de Tananarive, et nous noterons, pour mémoire, les pierres précieuses trouvées un peu partout et dont certains échantillons ont été groupés dans les vitrines de l'exposition de Madagascar, au muséum du Jardin des Plantes.

On ne peut parler des mines d'or sans évoquer le nom de M. Suberbie, dont l'initiative a été couronnée de succès. Peu de Français ont déployé à Madagascar autant d'intrépidité, de valeur et d'intelligence que M. Suberbie. Depuis plus de vingt ans, on trouve son nom mêlé à toutes les œuvres de colonisation. Dans ces dernières années, il s'était cantonné dans les exploitations minières, se bornant à mettre en valeur les richesses de son immense concession de Mævetanane, sur laquelle il a élevé une ville qui porte son nom.

Nous regrettons de n'avoir pu visiter ce territoire, transformé par le travail acharné d'un de nos compatriotes ; c'eût été avec plaisir et le cœur réconforté, que nous aurions constaté que, là encore, c'était un de nos nationaux qui avait su créer une œuvre grandiose et qui restera, alors que les anglais, nos prétendus antagonistes, n'ont rien su faire de durable, malgré la protection du Gouvernement hova.

N'ayant pu voir ces mines, nous en dirons peu de chose. Mais nous signalerons l'installation d'une usine importante pour broyer le quartz, avec tous les aménagements que comporte une industrie de premier ordre.

Le premier ministre Ranalaïorivony avait essayé de tirer parti de quelques mines d'or dont l'exploitation avait été confiée à M. Rigaud, ingénieur en chef du Gouvernement malgache et encore un de nos vaillants nationaux.

M. Rigaud s'est essayé un peu dans toutes les branches, et il faut reconnaître ici que peu de français ont étudié aussi bien que lui les ressources de la grande île.

Il a rendu à nos nationaux et à notre patrie de réels services que celle-ci a reconnus en le plaçant dans la Légion d'honneur.

Nous ne notons, dans ce chapitre, que les travaux effectués par M. Rigaud dans les mines d'or du premier ministre (1).

_____

(1) Nous croyons savoir que M. Rigaud s'est plus spécialement occupé, en dernier lieu, des travaux agricoles et, notamment, de la plantation du café.

Les agriculteurs désireux de se renseigner sur cette culture à Madagascar, pourraient puiser chez M. Rigaud des renseignements précieux.

Ranalaïarivony disposait d'une main d'œuvre innombrable et gratuite. Il semble donc que si les mines d'or dont il tentait l'exploitation avaient quelque valeur, elles auraient dû procurer des ressources considérables à son heureux possesseur. Mais nous ne sachions pas que tel ait été le résultat obtenu et notre conviction est que, s'il fallait solder, même à très bas prix, toute la main-d'œuvre employée, on aboutirait à un insuccès absolu.

Cependant, étant donnés la fièvre et les entraînements que provoque toujours la découverte de l'or, étant donné le mouvement de population qu'elle entraîne, Madagascar peut trouver dans ses mines d'or des rendements et des agiotages qui viendront ajouter à ses ressources normales, et pourront activer son développement financier.

A ce point de vue, le Gouvernement a le devoir de faciliter les recherches et les prises de possession.

Tout européen qui s'établit à Madagascar active le mouvement monétaire, et nous savons ce que la circulation de la monnaie donne de profits au Gouvernement local.

Mais si les mines d'or peuvent ménager

des surprises de plus d'une sorte, il ne saurait en être de même des mines de charbon, découvertes par des Français, concédées à des Français et que l'un d'eux, le malheureux M. d'Arvoy, ancien consul de France à Maurice, a arrosées de son sang le 19 octobre 1856, à la suite d'attaque des troupes hovas.

Ici, rien n'est livré au hasard; les mines existent, sont depuis longtemps reconnues elles constituent une ressource qui « prime toutes les autres » suivant l'expression de M. Raoul Postel, qui a écrit un livre intéressant sur notre grande île.

Tous les ouvrages écrits depuis les temps les plus reculés par les officiers de marine et les explorateurs qui ont parcouru Madagascar constatent l'existence de gisements houillers sur la côte Nord-Ouest de l'île.

L'amiral Dupré n'hésita pas, en 1863, à détacher un aviso de sa division pour permettre à M. Guillemin, ingénieur de la compagnie de Madagascar, d'aller faire les recherches et sondages nécessaires dans le but de s'assurer de l'existence de ce bassin houiller.

Nous ne croyons pouvoir mieux faire qu'en

mettant sous les yeux de nos lecteurs le résumé du rapport de cet ingénieur tel qu'il a été inséré dans un ouvrage aujourd'hui fort rare et très intéressant publié par les soins de M. le baron de Richemond, sénateur et ancien gouverneur de la colonie de Madagascar. Cette brochure contient les documents sur la création et le fonctionnement de cette société :

« La géologie de Madagascar était restée inconnue jusqu'à ce jour. Aucune détermination-précise n'établissait l'existence tant de fois énoncée des richesses minérales de ce pays.

« J'avais reçu de la compagnie de Madagascar la mission de rechercher quelle pourrait être la richesse minérale de la côte Nord-Ouest de la grande île africaine. Malheureusement les événements dont ce pays a été le théâtre au printemps dernier ne m'ont permis d'accomplir qu'une partie de ma mission; néanmoins j'ai été assez favorisé, en parcourant la côte Nord-Ouest, pour constater un fait se rattachant à l'une des questions qui, de nos jours, présentent le plus grand intérêt, et qui fournit à une puissance rivale son levier

commercial et une partie de son influence
politique.

« La constatation d'un vaste *bassin houiller*,
situé sur la côte Nord-Ouest de la grande terre,
en face de la colonie française de Nossi-Bé,
et pour ainsi dire au cœur même de la mer
des Indes, me paraît être un fait de nature
à fixer l'attention particulière d'un gouvernement aussi éclairé et aussi soigneux de la
grandeur et de l'influence de la France.

« Le bassin houiller de la côte Nord-Ouest
s'étend depuis le cap Saint-Sébastien, situé
par 12° 26' de latitude Sud, et sur toute la
côte au Sud où il constitue sans interruption,
les rivages des baies qui se succèdent jusqu'à Port-Radama, situé par 14° de latitude ;
sa longueur, mesurée par l'arc de grand
cercle qui joindrait le cap Saint-Sébastien au
Port-Radama, est de 180 kilomètres.

« Cette étendue constitue la partie *explorée*
du bassin ; son prolongement vers le Sud, *prolongement encore considérable*, n'a pas été
déterminé.

« Dans l'intérieur des terres, le terrain
houiller occupe à peu près la profondeur qui
s'étend jusqu'au pied de la chaîne granitique

centrale, qui forme l'axe de Madagascar.

« Sa largeur moyenne peut être évaluée à 40 kilomètres.

« Il couvre ainsi toute la surface du territoire des Antankares, peuplade indépendante qui s'est placée depuis longtemps sous le protectorat français.

« Le terrain houiller s'étend encore en prolongement vers l'Ouest, sous la région maritime des baies et des îles. Son existence sous-marine est mise en évidence par un grand soulèvement basaltique qui en a ramené au jour des lambeaux sur l'île de Nossi-Bé et sur les îles voisines.

« Le caractère des roches de ce terrain indique son origine et le fait ranger parmi ceux qui ont été déposés par les mers.

« Comme tous les terrains pélagiens, il offre à la fois des dépôts d'une grande étendue, et d'une parfaite homogénéité.

« On a pu reconnaître au Sud et à l'Ouest de Nossi-Bé, dans les baies de Passandava et de Bévatoubé, la composition de la stratification sur une *épaisseur* de terrain de plus de 600 mètres.

« Cinq affleurements de houille y ont été

trouvés. La qualité de ces houilles offre à peu près toutes les variétés, houille sèche, houille grasse et houille à gaz. Sur 400 kilogrammes retirés du plus considérable de ces affleurements un essai a été fait :

« On a brûlé 250 kilogrammes de *tout venant* sous la chaudière distillatoire de l'aviso de l'Etat *Le Surcouf;* et quoique ce charbon fût éventé par l'action séculaire des agents atmosphériques; qu'il fût mélangé des débris des roches voisines, et qu'il fût décomposé par la puissante végétation qui pénétrait l'affleurement de ses racines, il a vaporisé les quatre dixièmes de l'eau qu'aurait vaporisé le même poids de *bonne houille anglaise.*

« Les autres affleurements plus faibles, présentaient de la houille brillante avec des qualités *gazeuses et collantes* que l'on rencontre bien rarement aux affleurements des meilleures houilles.

« Les cinq affleurements de la baie de Bévatoubé et deux autres rencontrés dans la baie de Passandava montrent le combustible minéral sous des épaisseurs assez faibles, il est vrai, mais qui présentent des enrichissements en profondeur.

« Tous ces indices donnent la certitude de trouver dans d'autres localités plus éloignées des côtes, et dans des niveaux différents, des couches nombreuses et exploitables.

« Les terrains houillers de nature marine, comme celui de Madagascar, présentent ordinairement des couches peu épaisses et nombreuses. Je ne citerai comme exemple que le bassin belge qui a la même origine.

« L'exploitation des couches minces est mieux assurée et plus économique, et la multiplicité des couches compense leur peu de puissance. La surface totale de la partie du bassin houiller reconnue sur la côte Nord-Ouest est de 7,200 kilomètres carrés. Cette surface a été soulevée en plusieurs localités par des roches éruptives, granite, porphyre, diasite et basalte. Il en est résulté des relèvements de couches qui facilitent l'étude de la stratification, mais qui, d'un autre côté, bouleversent le terrain, et altèrent la houille à leur voisinage. En réduisant de moitié, pour faire une large part à cet accident, la surface du terrain, on arriverait, pour la partie régulière et réellement utile, à un chiffre encore supérieur à celui qui, en

France, mesure la surface totale du bassin houiller, et qui n'est, comme on le sait, que de 2,800 kilomètres carrés.

« Il est impossible qu'une surface aussi grande ne présente pas des richesses réelles, quand des points très limités des côtes ont déjà donnés des indices certains.

« L'importance des terrains houillers est si grande qu'on ne peut se dispenser d'étudier les moindres lambeaux de ce précieux terrain et à plus forte raison, lorsqu'il se trouve aussi étendu et aussi bien placé que celui de la côte Nord-Ouest. L'étude de ce terrain serait facilitée par des circonstances heureuses.

« La disposition des vallées principales permettrait d'étudier la stratification; les cours d'eau qu'elles encaissent serviraient de voies de communications ouvertes et faciles qui permettraient l'accès d'un pays que la végétation rend impénétrable. Plus tard, ces cours d'eau seraient d'utiles voies de transport. Ils sont en relation avec cette série sans exemple de belles baies et de ports naturels que présente la côte Nord-Ouest, depuis le cap d'Ambre, au Nord, jusqu'au cap Saint-André, sur une étendue de plus de quatre

12

degrés, et qui a fait donner à ces parages le nom de « pays des baies ».

« Toute la partie reconnue du bassin est en dehors de l'action des Hovas. Le pays des Antankares est une terre française, cédée par les populations et par leur roi Tsimiare, en 1840, cession qu'est venue confirmer la prise de possession de Nossi-Bé, et que plus de vingt années de rapports amicaux et de complète soumission ont cimentée.

« Ces peuples, qui, depuis cette époque, ont retrouvé, grâce à la protection française, leur liberté d'allure et une sécurité que ne leur laissaient pas autrefois les incursions violentes des dominateurs de Madagascar, ne demandent aujourd'hui que de voir s'étendre encore sur la terre ferme des établissements français. Ils offrent et ouvrent leur pays avec autant de confiance et avec plus d'insistance qu'en 1840. L'étude complète du bassin houiller est donc des plus faciles. »

Tout est à noter et à retenir dans ce précieux résumé : importance exceptionnelle des gisements; qualité des houilles; facilité des voies d'accès et des baies pour les embarquements; main-d'œuvre nombreuse et à vil prix.

Pour terminer cette appréciation, nous avons à faire ressortir la pénurie de charbon de ces parages, le combustible étant transporté par voiliers d'Angleterre ou d'Australie, après une traversée de trois mois. Son prix de revient est de 52 francs la tonne pour le charbon de l'Etat et de 45 francs pour celui que font venir les particuliers.

Il faut remarquer qu'entre l'Australie et l'Europe il n'y a aucune mine de charbon. Comme, en Europe, c'est en Angleterre que l'on obtient le charbon au plus bas prix, comme c'est encore en Angleterre qu'on trouve les conditions d'affrétement les plus avantageuses, tous les charbons qui se consomment à la Réunion, à Maurice, à Madagascar, à Zanzibar, au Cap, etc., proviennent d'Angleterre et sont transportés par voiliers anglais.

Il y a là, annuellement, une dépense de plusieurs millions dont profitent seuls nos excellents amis les Anglais.

Il faut espérer que Madagascar viendra bientôt transformer cet état de choses.

Nous fournissons ci-dessous un état de la consommation probable de combustible aussitôt que les mines de Madagascar seront ouvertes et il est à souhaiter que ce soit bientôt :

La division navale composée de six navires consomme mensuellement environ 2.000 tonneaux, soit, par an........... 24.000 t^x

Les Messageries Maritimes consomment 2.000 tonneaux par mois, soit, par an............. 24.000

Les navires de la Compagnie Havraise à raison de 1.500 tonneaux par mois, soit, par an.... 18.000

Les usines à sucre tant de la Réunion que de Maurice, les usines à conserves ou autres de Madagascar, 2.000 tonneaux par mois, soit, par an............. 24.000

Le chemin de fer de Tananarive et les remorqueurs de la Betsiboka, 2.000 tonneaux par mois, soit, par an............. 24.000

Les vaisseaux de guerre anglais de la division navale, par an... 24.000

Les paquebots divers et si nombreux touchant à Zanzibar, 3.000

A Reporter .... 138.000 t^x

Report	138.000 tˣ
tonneaux par mois, soit, par an..	36.000
Exportation sur le Cap......	30.000
TOTAL	204.000 tˣ

Si le charbon était vendu 20 francs le tonneau dans la baie de Bévatoubé, il y aurait une recette de quatre millions de francs au minimum, dès le début.

Quel serait le prix de revient de ce charbon ?

Cela dépendrait évidemment de la richesse des filons ; mais avec une main-d'œuvre qui ne coûte que 20 francs par mois, nourriture comprise, on devine ce que pourrait être ce prix.

Trouvera-t-on, en France où les capitaux abondent au point de ne plus produire qu'un intérêt insignifiant, des capitalistes disposés à tenter cette entreprise ? Il faut l'espérer.

Mais il faut surtout ne pas perdre de vue que ce gisement houiller représentant à lui seul l'étendue des charbonnages de France et de Belgique tente fort les capitalistes anglais, qui ont fait de nombreuses démarches pour en obtenir la concession. Il faut éviter que devant notre indifférence, quelque maison

anglaise ne s'empare de cette précieuse ressource qui, pour nous, représente une valeur
plus sûre et plus précieuse que les mines d'or
et de diamant.

Les richesses minières de Madagascar nous
réservent probablement de grandes surprises.
Nous n'avons pu indiquer que celles qui sont
connues. Elles représentent un rendement
annuel de plusieurs millions et nécessitent
l'emploi d'une main-d'œuvre nombreuse représentant des salaires considérables qui
activeront la circulation de la monnaie à Madagascar.

CHAPITRE XI

Les Hovas, avons-nous dit, sont une population fort industrieuse.

Dans l'Imerina on trouve des ouvriers de toutes les industries, des forgerons, des ferblantiers, des menuisiers, des charpentiers, des cordonniers, des tisseurs, des chapeliers, des potiers, etc.

Les usines y sont nombreuses : fabriques de briques, de savon, de poudre, tanneries, etc.

Toutes ces industries sont exercées d'une façon primitive par les procédés les plus rudimentaires et les moins perfectionnés. Elles n'en fournissent pas moins des produits fort utilisables qui représentent un progrès énorme sur ce qui se passe dans les tribus voisines.

La machine est inconnue à Madagascar.

Tout se fait à la main et les perfectionnements se découvrent au jour le jour surgissant d'un hasard ou de l'indication de quelque européen expérimenté.

Il y a donc là les éléments pour créer les grandes industries et la main-d'œuvre des ouvriers hovas sera un précieux auxiliaire pour tous les établissements qui se fonderont.

En tête nous pouvons placer les ateliers de constructions. Les Hovas ne construisent qu'en briques et bois. Cela tient à la difficulté de travailler le fer et la pierre avec les outillages primitifs des ateliers malgaches. Que, demain, on donne à cette population intelligente la possibilité de travailler le fer, de produire l'acier et le cuivre, d'extraire pratiquement des minerais, qui abondent, tous les métaux dont l'industrie a besoin, et nous verrons la construction prendre une nouvelle physionomie, le fer remplacer le bois dans toutes les charpentes, la pierre taillée remplacer la brique.

Nous verrons aussitôt des ateliers s'établir pour répondre à tous les besoins locaux; l'industrie du verre, celle de la céramique, de la soierie, ne demandent qu'à être outillées.

La main-d'œuvre hova n'est pas seulement habile et adroite ; elle offre encore un énorme avantage, elle est presque gratuite. A Tananarive, la journée d'un ouvrier ne revient pas à plus de 0 fr. 50. Sur cette somme l'ouvrier pourvoit à sa nourriture.

Si nous tenons compte que la Réunion peut fournir d'excellents contremaîtres qui se payent de 4 à 6 francs par jour, nous constatons que les diverses industries ont un vaste champ ouvert à Madagascar.

Les créoles, habitués à vivre de riz et n'ayant nul besoin de vin, acclimatés à ce pays, se trouvent fort bien d'un salaire trois fois moindre que celui qu'il faudrait allouer aux ouvriers européens. On peut donc, en alliant l'élément créole à l'élément malgache, créer de puissants établissements qui répandent dans tout le voisinage les produits de l'industrie de Madagascar.

Il faut qu'en échange de ses produits ce pays voie affluer chez lui tout l'argent du voisinage. Cela est possible et peut être facilement obtenu. Pour une fois, on verra les pays voisins tributaires d'une colonie française.

Il est une industrie locale qu'il faut développer et qui répond à un besoin absolu, c'est
celle de la construction navale. Dans la baie
d'Antongil, on a déjà construit quelques bateaux; il est indispensable que la colonie pro-
duise ses chalands, ses boutres et ses caboteurs,
en attendant de pouvoir construire des navires
en bois et en fer, tout comme cela se fait en
Norwège ou en Angleterre, pays qui n'ont pas
plus de ressources que Madagascar et qui
doivent payer beaucoup plus cher leur main-
d'œuvre.

Pour l'utilisation du fer, du cuivre, du
plomb, du nickel, il faut favoriser la création
de hauts-fourneaux, de fonderies et autres
établissements qui permettront de développer
les industries des métaux.

Ce qu'il faut encore, c'est amener la création
de distilleries et d'usines à sucre. La métropole a exempté des droits de douane les produits des colonies françaises à l'entrée en
France. Cette faveur énorme est passée inaper-
çue de nos industriels. Comment s'expliquer,
sans cela, qu'on n'ait pas créé d'importantes
distilleries dans nos colonies de Madagascar
où l'on trouve le riz à 85 francs la tonne et où

l'on pourrait obtenir, à vil prix, toutes les plantes propres à alimenter une distillerie. Le sucre de canne bénéficie de primes d'importation. Il est probable que cette considération amènera les capitalistes à tenter des plantations dans notre nouvelle colonie, et à y ériger des usines importantes.

Le manioc, l'igname, le taro, la patate douce, le topinambour, viennent à merveille à Madagascar. Ces produits peuvent alimenter soit des distilleries, soit des féculeries.

Les savonneries n'existent que dans l'Imérina, basées sur les procédés les plus primitifs. Une savonnerie et une stéarinerie qui voudraient utiliser le suif des bœufs, le coprah du voisinage et les corps gras qui abondent dans l'île, trouveraient à vil prix les matières premières de leur industrie. Il y a place pour plusieurs usines de cette nature s'établissant sur des points où viennent aboutir les sentiers de l'intérieur, ou à proximité des usines à conserves ou à salaisons qui ne tarderont pas à s'édifier.

Lorsque les hauts-fourneaux donneront des métaux à un prix notablement inférieur à ceux d'Europe, il y aura lieu de créer sur place des ateliers pour les constructions de machines, produisant les wagons, locomotives, voitures et moyens de charrois nécessaires pour la circulation dans le pays.

Nous avons eu, sous notre direction, des ateliers employant de trois à quatre cents ouvriers forgerons, mécaniciens, ajusteurs, chaudronniers, etc. Nous les avons trouvés parmi les créoles de la Réunion et de Maurice, et nous sommes heureux de rendre justice à leur valeur professionnelle ; ils ont effectué des réparations, réfections ou constructions métalliques fort importantes. A notre avis, on pourra construire sur place la majeure partie du matériel roulant nécessaire aux futures voies ferrées de la colonie ; on y trouvera économie, rapidité et bonne exécution.

Nous ne citons ici que pour mémoire les usines à conserves, sur lesquelles nous nous sommes étendu ailleurs ; celles-ci peuvent être doublées d'usines à salaisons. Ces dernières, exigeant un moindre capital, peuvent être multipliées sur les deux côtes et écouler le trop plein du bétail.

Les seules tanneries existantes sont dans

l'Imérina et elles ne donnent que des produits défectueux, parce qu'elles sont mal établies et mal exploitées.

Les écorces et produits tanniques abondent. On connaît la propriété de l'écorce du palétuvier; mais l'écorce du pêcher, de l'évi, du goyavier, donnent des extraits excellents ; les feuilles et goussés des palétuviers et les feuilles d'une foule d'arbres indigènes en donnent encore davantage. Cette industrie est donc appelée à un développement rapide.

Nous ne citerons qu'en passant l'industrie de la soie, qui devra être exploitée dans des ateliers comprenant : moulins, ateliers de tissage, etc.

Toutes ces industries ont des éléments de succès incontestables dans les produits du sol malgache; il faut que le Gouvernement consente à en encourager l'établissement.

On a le grand tort de considérer Madagascar comme un pays sans ressources; c'est une erreur que nous essayons de dissiper. Les ressources y sont infinies. Il s'agit de les mettre en valeur.

Pour obtenir ce résultat, dont la fortune publique profitera dans une large mesure, il faut que l'Administration abandonne ses vieux errements pour entrer franchement dans une voie nouvelle. Au lieu d'accabler d'impôts toute industrie se fixant dans le pays, il est indispensable de lui venir en aide en lui accordant les terrains dont elle a besoin et en facilitant sa marche et son progrès.

Le jour où les administrateurs coloniaux seront choisis parmi des jeunes gens élevés dans l'idée que les colonies ne sont point leurs fiefs et que leur but doit être de se rendre utiles aux colons, on verra disparaître les procédés routiniers des vieillards caducs, qui traînent dans nos possessions coloniales leur nullité sénile et une suffisance que rien ne justifie.

Tout nous fait présager que ce jour-là va luire pour Madagascar, le Ministère des Colonies paraissant disposé à ne pas en confier l'administration aux chevronnés des corps organisés coloniaux.

Il faut espérer d'ailleurs que les capitalistes qui porteront leurs efforts sur ce pays, seront

assez nombreux et assez influents pour pouvoir faire mettre de côté les administrateurs
de la vieille école, dont le seul mérite est
d'avoir longtemps tenu une plume dont ils
n'ont jamais su se servir que pour nuire à
leur patrie et à la fortune publique.

CHAPITRE XII

Les produits de la mer n'ont guère donné
lieu qu'à des recherches et à des exploitations passagères. De même les poissons, qui
existent en abondance dans les rivières et
dans les rizières, ne sont traités industrielle-
ment que dans certains parages.

Madagascar compte cependant des produits
riches et abondants.

A chaque marée, les récifs madréporiques
qui se trouvent à une certaine distance des
côtes, laissent à découvert des holoturies
(biches de mer), dont l'exploitation pourrait
être tentée avec quelque chance de succès.

Les Hovas eux-mêmes sont très friands
d'un petit poisson, que l'on vend salé et fumé
sur le marché de Tananarive. Ce poisson se
recueille dans les rizières pendant la saison
des pluies.

Les indigènes consomment en assez grande quantité le poisson fumé, provenant de leur pêche. Ils ne sauraient acheter ce produit, puisqu'ils n'ont pas d'argent monnayé et ils sont obligés de faire violence à leur indolence naturelle pour se résoudre au travail que leur impose la pêche et la conservation de ce comestible.

Ces habitudes prouvent que le malgache consomme volontiers le produit de la mer et cela se comprend.

Ainsi que nous l'avons expliqué plus haut, l'indigène ne consomme que peu de viande, malgré l'abondance du bétail. On ne tue un bœuf, dans chaque village que dans certaines occasions déterminées par les us et coutumes. Ce jour-là, il y a de la viande en surabondance pour tous les habitants. On en sale ou on en fume une partie, sans donner grand soin à cette opération, mais dans le seul but de pouvoir conserver cette provision pendant plusieurs jours. On la consomme dans un état voisin de la putréfaction, sans que les indigènes soient le moins du monde incommodés par cette nourriture nauséabonde et fétide.

Puis, des semaines entières s'écoulent sans qu'une nouvelle occasion se présente de tuer un bœuf. Il faut alors recourir au poisson et au gibier pour assurer la nourriture journalière. De là, la pêche et la chasse.

Les produits sont grossièrement préparés et conservés par les procédés les moins dispendieux. Aussi, cette conservation, n'a-t-elle rien de commun avec les savantes préparations de nos industriels européens.

Mais ce qu'il convient de retenir, c'est que le malgache est un grand consommateur de poisson.

Supposons que par la vente de ses récoltes, par l'écoulement des produits naturels du sol, par la réalisation du prix de partie de ses innombrables troupeaux, l'indigène reçoive de temps à autre de certaines sommes ; supposons encore que des sécheries de poisson bien outillées lui livrent des produits bien préparés et nous verrons le malgache renoncer à ses préparations fétides pour consommer les poissons salés, fumés ou conservés qui lui seront offerts.

Si, en consacrant à la récolte du caoutchouc, ou au tissage des rabannes, ou à la cueillette du rafia le temps qu'il employait à la pêche et à la chasse, il peut obtenir les sommes qui lui serviront à se pourvoir des comestibles qu'il se procurait et si ceux-ci sont de meilleure qualité, il y a tout lieu de croire que, peu à peu, il prendra l'habitude de s'approvisionner chez le fournisseur.

Dans tous les cas, les produits de la pêche bien préparés, trouveraient un écoulement considérable à la Réunion, à Maurice et dans les pays voisins de Madagascar. Le créole consomme de la morue en quantité considérable, bien que celle-ci coûte assez cher et soit parfois échauffée par la traversée.

Outre l'holoturie et le poisson, les mers qui baignent Madagascar contiennent en grande quantité des coquillages d'une certaine valeur, par l'épaisseur de leurs coquilles qui se vendent pour leur nacre. On y a trouvé des huîtres perlières dont quelques échantillons assez remarquables figurent à l'exposition de Madagascar, dans la collection de M. Milne-Edwards.

Personne n'en a jamais tenté l'exploitation qui serait certainement très productive.

Nous citerons, en outre, les coraux existant

en bancs épais et permettant une exploitation rénumératriçe pour la production de la chaux.

A Diégo-Suarez, nous payions ces coraux 8 francs la tonne débarqués sur le quai. Ils nous donnaient une chaux de qualité moyenne et que nous pouvions produire sans four spécial, avec une dépense de deux mètres cubes de bois par mètre cube de chaux.

Les produits de la mer n'ont jamais été exploités, et cela se comprend, puisqu'il y a dans le pays une foule d'autres produits naturels qui sont négligés. Mais il faut néanmoins noter qu'il y a là une source de revenus dont l'industrie tirera parti un jour.

Nous ne parlons que pour mémoire des salines qui pourraient s'établir sur toutes les côtes de Madagascar, et donner un produit dont la consommation va s'accroître avec l'établissement des nouvelles industries.

CHAPITRE XIII

RÉGIME ÉCONOMIQUE. — DOUANES. — IMPOTS. —
REVENUS DIVERS. — CORVÉES. — CENTRALISATION
DES TRAVAUX.

Comme tout le reste, le régime économique de Madagascar est des plus rudimentaires. C'est une féodalité absolue, exclusive.
Rien n'appartient en propre à personne.
Tout appartient à la reine, qui frappe les
réquisitions qu'il lui convient et les fait
appliquer par les gouverneurs de villages, ses
représentants. On devine ce que peut avoir
d'abusif un pareil régime.

Cependant, comme on n'aurait pas pu
appliquer ce principe aux européens et aux
commerçants établis dans la grande île sans
s'exposer à de sérieuses difficultés, il a fallu
recourir à un système d'impôt mieux déterminé, et c'est dans ce but qu'a été créée la
contribution des douanes.

Au début, cet impôt était payable et perceptible en nature, il était fixé à 10 pour 100 des produits exportés ou importés.

La simplicité de cet impôt semblait devoir le maintenir chez ces populations aux mœurs primitives. Mais on comprend la difficulté qu'il y avait à encaisser journellement des étoffes, des pointes, des vivres, des liquides, des bœufs, des peaux, des volailles, du riz, etc.

La réalisation de ces objets offrait d'ailleurs un double inconvénient. Leur vente aux enchères publiques en avilissait le prix et nuisait aux commerçants qui, les ayant fait venir du dehors, étaient les détenteurs de neuf fois plus de ces marchandises. En outre, le rendement était fort réduit.

Aussi transforma-t-on cette redevance en un impôt en espèces fixé à 10 0/0 de la valeur de chaque marchandise importée ou exportée.

Malheureusement, les mercuriales furent fort mal établies et les produits d'exportation furent imposés, en général, sur des bases excessives. C'est ainsi que le bœuf, d'un prix variant de 25 à 45 francs, fut imposé à raison de 15 francs, correspondant à une valeur

de 150 francs : le mouton, qui vaut de 2 fr. 50
à 4 francs, fut imposé à raison de 1 fr. 50 et
ainsi de suite.

Le régime n'est pas mauvais en lui-même,
à la condition que les tarifs soient bien
étudiés et déterminés à raison de la valeur
réelle de chaque objet. S'il devait y avoir une
certaine faveur, ce devrait être au profit des
exportations, l'intérêt du gouvernement local
étant d'encourager celles-ci pour augmenter
d'autant la richesse du pays.

L'impôt des douanes a été donné à gérer
au Comptoir national d'Escompte, son rendement devant être affecté au paiement des
arrérages de l'emprunt de 1886.

Ce rendement varie d'un million à un million deux cent mille francs par an. Mais si
la perception en était abandonnée aux autorités hovas, la recette ne parviendrait jamais
jusqu'à la caisse centrale.

Nous indiquerons, dans les prochains chapitres, quel est, à notre avis, le mode de
recouvrement qu'il conviendrait d'appliquer.

Les recettes des douanes sont presque les
seules qui se réalisent en espèces ; les autres
impôts se perçoivent en nature. Ils ne sont

14

perçus que sur les indigènes et sont soumis à des fluctuations qui en varient le taux d'une année à l'autre et d'une tribu à la tribu voisine. Ils dépendent surtout du bon plaisir des gouverneurs et des besoins des autorités.

Le passe-port d'un indigène qui veut quitter Madagascar se paye aussi en espèces ; il varie de 5 à 25 francs, selon la volonté des autorités locales. Mais l'indigène sait fort bien s'y soustraire, et cette taxe est rarement acquittée.

L'impôt le plus abusif que consacraient les mœurs malgaches était celui du recrutement ; l'indigène doit le service militaire pendant un temps variable, selon les besoins du Gouvernement. Le soldat n'est ni logé, ni vêtu, ni nourri, et encore moins payé par le Gouvernement.

On devine ce que peut être une armée recrutée et maintenue dans de telles conditions. L'expédition nous a prouvé ce que valent de tels soldats.

Un autre impôt, tout aussi excessif, c'est celui qu'on appelle la corvée. Tout indigène doit au Gouvernement le nombre de journées de prestations qu'il plaît à celui-ci d'exiger. C'est pour la construction d'une église, d'une école, de la maison du Gouverneur ou pour tout autre motif que les autorités exigent des travaux de toute nature : bois à couper, à équarrir, planches à débiter à la hache, paille ou feuilles de ravenale pour les couvertures, etc. Puis, ce sont encore des corvées pour les routes, les places, les conduites d'eau. Tout cela sans règle, sans méthode, frappant au hasard et s'appliquant selon le gré des autorités malgaches.

L'indigène s'est habitué à ce régime et le supporte sans se plaindre. En le régularisant, on pourrait en obtenir des résultats fort heureux, permettant de créer les routes, les ponts, les édifices publics, etc. — Avec un peu de méthode, en organisant les prestations, en les limitant comme durée, mais en leur donnant une certaine suite, de manière à régulariser les travaux et à leur assurer une continuité d'efforts, on pourrait établir des voies de communication, ce qui est le besoin le plus urgent.

Pour cela, il est indispensable que des plans soient établis, des tracés arrêtés, et que l'on se mette aussitôt à la besogne.

En imposant à chaque village de faire telle

portion de route dans le sens des bourgades voisines, on aura bientôt couvert le pays de sentiers praticables, qui pourront se convertir peu à peu en grandes routes ou en chemins d'exploitation.

Il faut donc centraliser les services des corvées, si on veut établir une règle uniforme, imposant à chaque indigène un travail égal et suivi. Quand on aura bien établi un plan de campagne comprenant les travaux à effectuer annuellement et faisant ressortir le nombre de journées à affecter à chacun d'eux, il n'y aura plus qu'à fixer la part incombant à chaque village et à tenir la main à son exécution.

CHAPITRE XIV

RÉGIME ADMINISTRATIF A CONSERVER ET A AMÉLIORER.
— DÉTERMINATION D'UN IMPÔT PROPORTIONNEL EN
NATURE POUR LES INDIGÈNES. — ATTRIBUTION DE
DIX POUR CENT DE L'IMPÔT AUX CHEFS DE VILLAGE
CHARGÉS DE LA RÉPARTITION ET DE LA PERCEPTION.
— CENTRALISATION DES IMPÔTS.

Il sera beaucoup plus difficile de centraliser
le service des impôts.

Nos mœurs financières se prêtent peu à la
perception d'impôts en nature, et c'est cependant cette forme qu'il sera indispensable de
continuer pendant de longues années, puisque
le malgache ne possède pas d'argent monnayé.

On pourrait appliquer une règle uniforme,
la plus simple possible, pour ne pas froisser
les habitudes locales.

Le malgache sait que, dans les parties
françaises de l'île, l'indigène paie un impôt
dit de capitation et qu'ils appellent : « la
taxe de la tête ».

Ils savent que nous avons un régime de patentes, qui atteint toutes les industries. Mais, dans la pratique, ils échappent à ces impôts qui n'existent pas dans leurs villages. Par contre, leurs biens et leurs personnes sont propriétés de la reine, qui peut tout réquisitionner à son gré. Si la reine use peu de ce droit, les sous-ordres, qui gouvernent en son nom, sont des tyranneaux abusant de cette loi malgache.

En assurant à l'indigène la pleine jouissance du sol, en lui garantissant la libre disposition de tous ses biens, on peut exiger une contribution en nature que celui-ci fournira de grand cœur quand il saura que, par là, il s'assure la propriété de ce qu'il possède.

Cet impôt pourrait être fixé à 10 pour 100 du revenu annuel.

Il devrait être perçu par les chefs de village et tenu à la disposition de l'administration centrale.

L'usage malgache est que les fonctions publiques soient gratuites. Rien de plus abusif que cette prétendue gratuité. En attribuant aux chefs de village un droit de 10 pour 100 sur les impôts perçus en nature,

on mettrait fin à cette situation et on enlève-
rait aux autorités tout prétexte d'exiger des
redevances arbitraires.

L'indigène connaissant la quotité de l'impôt
dont il est redevable, ne permettrait pas aux
chefs d'en augmenter le taux à leur gré et le
service des taxes serait ainsi régularisé.

Pour établir le rôle par village, il suffirait
d'exiger de chaque chef une simple déclaration du nombre de la population qui y réside
et de têtes de bétail qu'il nourrit.

On pourrait attribuer à chaque village un
nombre d'hectares de terre correspondant à
cette population et calculé à raison d'un
hectare par habitant pour le riz et de trois
hectares par chaque bœuf. Ce domaine pourrait être accordé à chaque village à titre ina-
liénable et en laissant la répartition se faire
suivant les usages de chaque tribu, en respec-
tant les droits acquis par chaque indigène.

Le village, pour les biens restant à la masse,
chaque indigène, pour le terrain dont il garde
la propriété, seraient tenus de fournir annuellement : telle quantité de riz (correspondant
à 10 pour 100 de la récolte moyenne d'un
hectare) par chaque hectare de terrain planté

en riz; telle quantité de bœufs adultes (correspondant à 10 pour 100 du croît normal d'un troupeau de bœufs, en tenant compte qu'il est attribué trois hectares de pâturage par bœuf), selon la quantité d'hectares affectés à la nourriture des bestiaux.

Celui dont les troupeaux ne représenteraient pas un croît annuel de dix têtes, remplacerait l'impôt de bétail par une quantité de riz correspondante, en calculant la valeur du bœuf adulte à 15 francs et la valeur du riz à 100 francs la tonne.

Un indigène occupant, par exemple, 30 hectares de pâturages, pourrait être taxé comme possédant dix vaches, dont le croît annuel est de cinq têtes, le dixième de ce croît étant d'une demi-tête, son impôt serait de 7 fr. 50, payable en riz, à raison de 100 fr. la tonne, soit 75 kilog.

Inutile de dire que l'on devrait, de préférence, admettre le paiement en espèces, le régime dont nous préconisons la continuation ne pouvant être que transitoire.

Le Gouvernement local recevrait ainsi tous les ans 5.000 tonnes de riz; et, sur un croît de trois millions de bœufs, trois cent mille têtes deviendraient sa propriété.

Nous négligeons les divers autres produits du sol pour ne nous attacher qu'à ces deux-là.

Dans les villages plus avancés comme civilisation et dans les villes telles que Tananarive, Fiénarantsoa et les principaux ports de la côte, on pourrait établir un impôt de patentes, auquel les malgaches sont déjà habitués et que les européens connaissent.

Le régime administratif serait ainsi fort simplifié, il conserverait les usages locaux et ferait disparaître à la fois la gratuité des fonctions et l'abus des réquisitions.

Les lois existantes continueraient à régir le pays, il n'y aurait aucune aggravation de charges pour les finances locales.

Peu à peu les lois se perfectionneraient et le mode d'application se transformerait, en utilisant la valeur intellectuelle des habitants, qui doivent être les premiers auxiliaires de notre civilisation et nous fournir les futurs fonctionnaires.

Il est indispensable de limiter à un minimum fort réduit le nombre des agents à implanter dans le pays. Celui-ci a su se suffire, il pourra continuer longtemps encore, surtout si nous perfectionnons son instruction.

CHAPITRE XV

A un pays nouveau, de mœurs différentes de celles de nos autres possessions, on ne saurait songer à appliquer notre législation métropolitaine ou coloniale. Il faut un régime répondant aux ressources et aux besoins locaux.

Madagascar n'a pas d'argent, mais ses richesses naturelles représentent une fortune considérable.

Il faut donc créer un établissement de crédit ayant pour mission de faire au Gouvernement local les avances nécessaires, de l'aider dans la perception et la réalisation de ses impôts, de faciliter les grands travaux par des avances aux Compagnies sérieuses, de répandre et propager la circulation monétaire.

Cet établissement, qui doit recevoir des avantages en rapport avec les services qu'il rendra au pays, c'est une Banque française de Madagascar, banque d'Etat, ayant une durée de cinquante ans, avec le droit de frapper monnaie pendant cinq ans et d'émettre des billets de banque dans des conditions de garantie à déterminer à chaque émission.

Le Comptoir national d'Escompte a déjà des agences toutes préparées et son personnel pourrait rendre de précieux services à la nouvelle banque.

M. Delhorbe, mandataire du Comptoir à Tananarive, a l'expérience du pays. Il en connaît les mœurs, les ressources, et pourrait fournir les indications les plus sûres. Mieux que nous, il pourrait écrire ce chapitre, sa compétence financière étant bien supérieure à la nôtre. Il serait tout indiqué pour prendre la direction de l'établissement dont nous préconisons la création.

A notre avis, cette banque devrait être établie un avec capital de début de cinq cents millions; elle devrait déposer au Trésor deux cent cinquante millions en titres de rentes françaises, comme garantie pour les billets qu'elle mettra en circulation. Elle ferait gratuitement le service des caisses publiques de

Madagascar, la Réunion, Mayotte, Nossi-Bé, Sainte-Marie. Ces caisses accepteraient au pair les billets et la monnaie de la Banque française de Madagascar.

Avec les deux cent cinquante millions restants, la Banque frapperait cinq cent millions de piastres et monnaie divisionnaire à une effigie déterminée, ayant cours à Madagascar et admises dans toutes les caisses publiques françaises pour leur valeur nominale. Cette monnaie coûterait exactement 50 pour 100 de cette valeur, en raison de la dépréciation de l'argent.

La Banque consentirait tout de suite un versement de deux cent cinquante millions au Gouvernement de Madagascar, représentant le bénéfice réalisé sur la frappe de la monnaie.

Les deux cent cinquante millions remis au Gouvernement local serviraient :

1° A rembourser sa dette, aujourd'hui réduite à dix millions ;

2° A rembourser à la France les frais d'expédition, évalués à quatre-vingt millions ;

3° A créer un fonds de réserve pour les frais d'administration et de colonisation.

15

La Banque fournirait au Gouvernement local le service financier gratuit pour la réalisation des impôts en nature et le paiement des sommes dues à un titre quelconque par le Gouvernement local.

Les émissions de billets devraient ne jamais dépasser le montant du cautionnement déposé au Trésor français. Dans ces conditions, les billets de la Banque, aussi bien que la monnaie de Madagascar seraient admis au pair par tous les particuliers, sans aucune difficulté.

Toutes les industries dont nous avons parlé ci-dessus, ayant besoin de numéraire pour solder leurs dépenses sur place, auraient recours aux succursales de la Banque, et assureraient la circulation de la nouvelle monnaie. La circulation des billets, d'abord limitée aux grands centres, s'étendrait peu à peu et gagnerait toutes les régions de l'ile.

La Banque aurait des agences à Paris, à Tananarive, à Fiénarantsoa, à la Réunion, à Diégo, à Mayotte, à Nossi-Bé, à Tamatave, à Vohémar, à Majunga, etc. Ces agences seraient chargées de recevoir le montant des taxes de douane et de réaliser les impôts en nature, que les chefs de village feraient diriger sur les côtes, et que les caboteurs transporteraient vers les centres voisins.

Le Gouvernement local recevrait ainsi :

Impôts de douane divers . . .	1.000.000 fr.
Prix de trois cent mille bœufs à 15 francs.	4.500.000 fr.
Riz et autres impôts provisoires.	1.000.000 fr.
Total.	6.500.000 fr.

Il aurait à payer :

Primes d'encouragement aux industries à créer	3.000.000 fr.
Frais du personnel et du matériel des résidences, juges de paix, postes, etc., troupes. .	3.500.000 fr.
Total.	6.500.000 fr.

Il resterait disponible une somme de cent cinquante millions, provenant de l'émission de monnaie, à affecter à des besoins publics et à encourager les industries nouvelles, garanties d'intérêts à allouer, etc. Ces industries ayant pour résultat immédiat de propager la monnaie malgache, la Banque aurait intérêt à se joindre au Gouvernement local pour les encourager.

La Banque réaliserait, de son côté, des bénéfices considérables, son capital de cinq cents millions produirait :

Intérêt du cautionnement en rentes 3 pour 100 sur deux cents millions de francs . . . . 7.500.000 fr.

Intérêt sur deux cent cinquante millions de francs placés en escomptes de valeurs, avances, fonds publics, etc., à 4 pour 100. . . 10.000.000 fr.

Intérêt de 4 pour 100 pour les mêmes opérations sur deux cent cinquante millions de francs, billets en circulation. 10.000.000 fr.

Total. . . . . 27.500.000 fr.

Avec une dépense de :

Frais de gestion de quinze agences, à 100.000 francs par agence

en moyenne. . . . .   1.500.000 fr.
Frais de voyages et transports.   1.000.000 fr.

Total. . . . .   2.500.000 fr.

Soit un bénéfice annuel de vingt-cinq millions de francs pour un capital de cinq cents millions de francs, soit 5 pour 100.

Nous avons compté l'intérêt à 4 pour 100, bien qu'il varie de 8 à 12 pour 100 dans nos colonies et, notamment, à Madagascar, parce qu'il nous a paru rationnel de tenir compte que, dans le début, tous les capitaux ne trouveront pas leur placement.

Mais à mesure que le Gouvernement local développera ses services, ses revenus augmenteront sensiblement; il aura aussi à faire face à de nouvelles charges. Tout est à créer comme édifices et comme travaux publics.

Les ressources du Gouvernement augmentant, celui-ci voudra développer le pays; il recourra à des emprunts gagés par ses surcroîts de recettes. Le service de la Banque, qui centralisera ces emprunts, deviendra plus important, la circulation des billets augmentera et les revenus permettront bientôt de donner 8, 10 et 12 pour 100 aux actionnaires.

Quand les cinq cents millions émis par la Banque seront devenus insuffisants, lorsqu'il y aura cinq cents millions de numéraire en circulation, le Gouvernement local devra reprendre le droit de frapper monnaie qu'il n'aura aliéné que pour un temps déterminé, et pour une somme fixe de cinq cents millions, ou bien il pourra procéder comme la première fois, en imposant à la Banque une augmentation de son capital.

On pourra alors transformer les taxes antérieurement perçues en nature, en impôts versés en numéraire.

A ce moment-là, l'augmentation de la circulation monétaire sera de plus de cent cinquante millions par an, procurant au Gouvernement un accroissement de fortune disponible annuelle de plus de soixante-quinze millions.

Si nous avons admis une Banque comme intermédiaire provisoire entre le Gouvernement malgache et les commerçants et industriels de la grande île, c'est que nous voudrions éviter les attaques que ne manquerait pas de provoquer l'émission publique d'un emprunt hova. Les ressources pour gager cet emprunt sont trop peu connues pour qu'il puisse se réaliser dans des conditions avantageuses. Il faudrait la garantie de la France, ce qui amènerait de violentes diatribes.

Il nous a paru que l'intervention d'une institution financière s'imposait. En abandonnant à celle-ci le droit d'émission de billets pendant cinquante ans, on lui accorde un avantage suffisant pour obtenir, en retour, le service gratuit des opérations de Trésorerie de Madagascar.

Il faut tenir compte que, dans les premiers temps, la Banque aura une forte partie de son capital immobilisée et improductive ; il est donc équitable de lui assurer des avantages qui viennent contrebalancer ces risques.

Enfin la perception d'impôts en nature et leur réalisation nous paraissent plus difficiles à effectuer par des fonctionnaires que par des agents d'un établissement financier, qui ne croiront pas déroger en vendant annuellement des bœufs, du riz et d'autres produits locaux.

Au bout de cinq ans, le mouvement commercial d'exportation devra être de plus de

cinq cents millions par an et celui d'importation de plus de trois cents millions.

Pour cela il suffira de favoriser les industries que nous avons analysées, de distribuer
au besoin des primes d'encouragement comme
l'a fait la République Argentine.

Madagascar possède des richesses incalculables, selon l'expression de son Résident
général.

Il s'agit de les mettre en valeur et de les
récolter.

Puissions-nous, par les indications que
nous avons fournies, aider à ce résultat.
Nous aurons atteint notre but et nous ne
regretterons pas les quelques journées que
nous avons consacrées à cette rapide étude.

CONCLUSION

Nous avons terminé notre exposé; le lecteur s'apercevra facilement de la précipitation de ce travail.

Commencée dans les premiers jours de décembre, sur l'invitation de M. de Mahy, de lancer cette publication avant la discussion des interpellations annoncées sur Madagascar, cette étude a dû être écrite en quelques jours.

Nous l'avons faite dans le but de donner des indications sur la valeur de notre nouvelle colonie, sans avoir la naïveté ni la prétention de croire que c'est dans ce livre que l'Administration coloniale ira chercher sa règle de conduite.

Nous avons émis nos idées sur les procédés qui permettraient le mieux de tirer un parti immédiat d'une possession à laquelle on a fait une réputation déplorable. Nous savons fort bien qu'il dépendra de quelques ronds de cuir routiniers, qu'on applique tel ou tel mode de gérer le pays. Mais l'opinion publique a une force invincible et si nous arrivons à convaincre quelques lecteurs que Madagascar est un pays d'avenir, nous aurons, dans la mesure de nos forces, aidé à répandre une vérité inconstestable.

Si nous ne sommes pas entendu dans les régions sereines où se confinent d'ordinaire les hautes intelligences, desquelles dépend le sort de nos colonies, peut-être déciderons nous quelques-uns de nos compatriotes à porter leurs efforts vers Madagascar. C'est à ceux-ci, aux hommes d'initiative, que nous nous adressons plus particulièrement.

Les Anglais, nos adversaires coloniaux, dont on retrouve la main et les idées dans toutes les intrigues qui ont longtemps entravé notre action, ont répandu le bruit que Madagascar était un pays malsain et inhabitable. Les vices constatés dans l'organisation de l'expédition, ont donné des résultats navrants, dont la faute retombe lourdement sur le pays. Nous devons mettre en garde contre l'affolement que ces constatations pourraient produire.

Si, au lieu de laisser nos troupes dans les bas fonds existant sur le littoral en les affectant à des travaux de terrassements, on les avait débarquées à Mavetanane, par 100 mètres d'altitude, cette expédition n'aurait produit qu'une mortalité ordinaire et nous serions entrés à Tananarive sans coup férir.

Les vices de l'organisation, il est facile de les signaler. On avait choisi la route de Majunga, deux fois plus longue que celle d'Andevorante, parce qu'on voulait débarquer les troupes et les approvisionnements à Mavetanane, économisant ainsi un trajet de 180 kilomètres par l'utilisation de la Betsiboka.

Or, on n'a rien préparé pour utiliser cette voie fluviale.

Il eût fallu, dès le lendemain du rejet de l'ultimatum, envoyer deux ou trois mille hommes de troupes indigènes, chargés de s'emparer de Majunga et d'y construire de vastes magasins, hôpitaux, casernes, etc. Le tout, en bois couvert en tôle. Il eût fallu, dès le mois de janvier, avoir les chalands et les canonnières dans la rade de Majunga et commencer les envois de vivres et matériel. Il aurait fallu, avec quelques milliers d'hommes,

s'emparer tout de suite de Mavetanane, y
édifier des constructions analogues à celles
de Majunga et y transporter peu à peu vivres
et matériel.

Enfin les troupes auraient dû arriver par
envois échelonnés de huit en huit jours et
non par masses compactes en même temps
que tout le matériel.

Trouvant les chalands prêts, les militaires
auraient été débarqués en quelques heures.
le jour même de leur arrivée et transportés
à Mavetanane en moins de deux jours.

De là, les premières troupes auraient pu
marcher en avant, recevant des renforts à
chaque débarquement, et séjournant dans un
pays situé à plus de 100 mètres d'altitude et
beaucoup moins exposé aux miasmes palu-
déens.

Un chemin de fer portatif du sytème
Legrand (le plus commode connu, et le moins
coûteux), posé au jour le jour, à mesure que
la colonne avançait, aurait pu assurer le
ravitaillement et l'expédition serait arrivée à
Tananarive sans pertes sensibles.

Les personnes qui ont habité Madagascar
n'ont pu, sans un serrement de cœur, voir

partir plusieurs navires par jour, alors que le matériel de débarquement était encore en France.

L'accident du *Brikburn* ne signifie pas grand chose dans l'espèce. Ce navire fût-il arrivé huit jours plus tôt, que son matériel n'eût pas été utilisable pour les débarquements, puisque les troupes étaient parties avant ce navire ou en même temps et qu'il fallait plus d'un mois pour mettre à terre le matériel de transport fluvial qui composait son chargement.

Donc, départ trop tardif de la flottille destinée à la Betsiboka, départ trop précipité de troupes, absence de locaux pour recevoir le personnel et le matériel. Telles sont les fautes qui ont coûté à la France six mille de ses enfants.

En sera-t-il ainsi pour le personnel ou le matériel destiné aux industries que nous avons recommandées. Ce n'est pas à redouter.

D'abord, chaque industrie ne représente qu'une partie infime, si on la compare au corps expéditionnaire. Ensuite, les envois seront précédés de prises de possession par des agents qui auront préparé le terrain et

assuré le logement et la nourriture des nouveaux débarquants.

Enfin, on aura soin de ne mettre sur les
chantiers remuant des terres que des indigènes du pays, bien acclimatés, les européens
étant réservés pour les travaux de direction
ou de surveillance.

Nous ne saurions trop recommander de ne
pas multiplier les envois d'ouvriers d'Europe,
si ce n'est dans les grands centres, tels que
Tananarive et Fiénarantsoa, où le climat est
absolument sain.

Là, peuvent se créer, sans risque pour les
européens, des établissements importants
dans chaque branche d'industrie, ce que
nous appellerons les industries de consommation. Les indigènes hovas deviendront des
auxiliaires intelligents et habiles qu'il est
facile de façonner à nos travaux.

Quant aux industries d'exportation, qui
doivent s'établir sur les côtes, elles doivent
n'emprunter à l'Europe que les ingénieurs et
les contremaîtres indispensables pour diriger
le personnel.

Ce personnel européen, qu'il est nécessaire
de bien rétribuer, devra n'être utilisé qu'au

début, pour former et façonner le personnel créole, qui devra lui succéder.

Le chemin de fer de la Réunion, les usines à sucre et les distilleries de cette colonie ont formé d'excellents ouvriers, qui se déplacent facilement, considérant Madagascar comme une seconde patrie.

C'est cet élément qu'il faut utiliser. Nous en préconisons l'emploi en pleine connaissance de cause. Il nous a rendu des services qui nous l'ont fait apprécier et qui le recommanderont aux industriels qui se fixeront à Madagascar.

Sachons nous suffire avec le personnel de la grande île et des vieilles possessions françaises voisines.

Nous sommes chez nous à Madagascar, n'en ouvrons les portes qu'à bon escient.

Méfions-nous de cette population flottante, sans nationalité déterminée, que les Anglais ont groupée dans les mines du Sud africain. Sa main-d'œuvre ne nous est d'aucune utilité et ses mœurs sont dangereuses pour un pays neuf qui ne veut pas devenir une caserne de police.

L'heure de l'expansion a sonné pour les

vieilles races européennes et pour nos capitaux inutilisables dans la métropole. Sachons-
nous réserver ce foyer réconfortant, restons
chez nous et entre nous. N'acceptons les
étrangers qu'avec des garanties sérieuses ;
réservons à nos nationaux ce nouveau patri-
moine.

Faisons une première part aux familles de
ceux qui sont morts pour assurer notre conquête. Accordons de larges concessions à
tous les survivants du corps expéditionnaire.
Laissons-leur féconder par la charrue ce sol
qu'ils ont conquis par les armes.

Que des franchises douanières, des facilités
territoriales attirent nos industriels ; sachons
semer pour la récolte et faisons le nécessaire
pour conserver à Madagascar son titre de :

FRANCE ORIENTALE

Paris, décembre 1895

APPENDICE

———

Notre volume était sous presse, lorsque le courrier nous apporte le texte de l'allocution prononcée devant Sa Majesté la Reine de Madagascar, le 17 janvier, par notre Résident général.

Elle nous paraît être le complément indispensable de ce livre dont elle corrobore les idées.

M. le Ministre des Colonies a fait un choix heureux en désignant M. le Résident général Laroche pour administrer notre nouvelle colonie.

Les théories émises sont excellentes; nous sommes convaincu qu'elles seront appliquées sans retard et que M. Laroche tiendra la main à l'exécution immédiate du programme dont il a tracé les grandes lignes.

Il est sûr, dans cette voie, de s'attacher le dévouement et la bonne volonté de tous ceux qui s'intéressent à Madagascar.

Voici le texte du discours de M. Laroche, et du traité signé par la reine Ranovola III.

MADAME,

Arrivé d'hier, je viens offrir mes hommages à la reine de Madagascar.

Je me félicite de vous être présenté par l'éminent général qui, non seulement, a su mériter toute votre considération, mais a su conquérir votre sympathie.

Ce sera l'honneur de ma vie d'avoir été choisi par le gouvernement de la République française pour être le dépositaire de ses pouvoirs dans la grande île.

Fier de le représenter, je me sens plus heureux encore de la tâche qu'il m'a donné à accomplir : affermir la paix, resserrer les liens d'amitié qui nous unissent à Votre Gracieuse Majesté, et, dans l'accord le plus sincère et le plus affectueux avec elle, réaliser au sein des peuples malgaches *le large accroissement des productions et des richesses, la création de moyens de communication faciles et rapides*, l'amélioration des conditions de la vie, le progrès moral, tous les progrès sociaux auxquels aspirent légitimement les nations du monde civilisé.

J'ai la plus entière confiance dans le succès de ma mission, parce que j'ai la plus entière confiance dans le concours précieux que Votre Majesté m'accordera.

Ainsi, une ère de prospérité, de force et de grandeur jusqu'ici inconnue s'ouvrant pour Madagascar transfiguré, datera de votre règne ; et ce règne, rendu illustre, perpétuera sa trace profonde dans la mémoire de vos peuples.

Le lendemain 18 janvier, la Reine signait la convention apportée par M. Laroche, qui lui remit, le 20 janvier, au nom du Gouvernement français, un collier de diamants d'une valeur de 10.000 francs, en signe de l'amitié indissoluble qui unit désormais la France et Madagascar.

LE NOUVEAU TRAITÉ

Voici le texte du nouveau traité :

Sa Majesté la Reine de Madagascar,

Après avoir pris connaissance de la déclaration de *prise de possession de l'île de Madagascar par le gouvernement de la République française*, déclare accepter les conditions ci-après :

ARTICLE PREMIER. — Le gouvernement de la République française sera représenté auprès de Sa Majesté la Reine de Madagascar par un résident général.

ART. 2. — Le gouvernement de la République française représentera Madagascar dans toutes ses relations extérieures.

Le résident général sera chargé des rapports avec les agents des puissances étrangères ; les questions intéressant les étrangers à Madagascar seront traitées par son entremise.

Les agents diplomatiques et consulaires de la France en pays étrangers seront chargés de la protection des sujets et des intérêts malgaches.

ART. 3. — Le gouvernement de la République française se réserve de maintenir à Madagascar les forces militaires nécessaires à l'exercice de son autorité.

ART. 4. — *Le résident général contrôlera l'administration intérieure de l'île.*

Sa Majesté la Reine de Madagascar s'engage à procéder aux réformes que le gouvernement français jugera utiles au développement économique de l'île et au progrès de la civilisation.

ART. 5. — Le gouvernement de Sa Majesté la Reine de Madagascar s'interdit de contracter aucun emprunt sans l'autorisation du gouvernement de la République française.

TABLE

ALENÇON. — IMPRIMERIE A. HERPIN

www.ingramcontent.com/pod-product-compliance
Lightning Source LLC
Chambersburg PA
CBHW070601100426
42744CB00006B/367